爆釣丸儲け！

海上釣り堀 ㊵ マニュアル

KAZU 石田和幸

つり人社

はじめに

海上釣り堀は、誰もが気軽に始められて、高級魚もゲットできる釣り

　ひと口に釣りといってもいろいろなスタイル（釣り方）があり、ターゲット（対象魚）がいます。そのなかでも近年、老若男女を問わず簡単に楽しめて人気急上昇中なのが、海上釣り堀の釣りです。

　小難しいことは何もありません。ただマスの中に泳いでいる魚を釣ればいいのです。

　服装？　スーツ姿でもいいんですよ。

　道具？　全部レンタルがありますとも。

　魚のお持ち帰り？　発泡の簡易クーラーがあるので心配無用！

　現代人の釣りスタイルは、こういったカタチに変わりつつあるのかもしれませんね。

　目の前で高級魚がドバーッ！　大量放流されるとボルテージはMAX。このシーンを一度見てしまうと誰もがハマること請

け合いです。何しろそこは海上の釣り堀。ベテランも初心者も、逃げ出すことのないマスの中に魚がいるのだからそんなの釣れて当たり前……。

いやいや、ところがこれが違うんです。限られた時間で人より大きな魚や高級魚を余計に釣ろうと思ったら、やっぱりコツがあります。だから、難しくはないけれども奥は深い。

海上釣り掘では、普段あまりお目にかかれないような大ものや高級魚だってゲットできるチャンスがあります。それを見たビギナーの方は多くの場合、「ステップアップしたい」と思うものです。同じように経験者は上級レベルを、ベテランはさらにマニアックなゲームを目差すようになります。こうして、いつの間にか皆が海上釣り堀の魅力に引き込まれていくというわけです。

腕を上げれば上げるほど、ターゲットを決め、より釣り方の難しい魚をねらってみる。そして家に帰れば釣りあげた高級魚が食卓に並ぶ。こんなに楽しい釣りは、ないでしょう？

さあ、海上釣り堀の釣りを始めましょう。

目　次

はじめに　2

1章　ホワット・イズ・海上釣り堀？

海上釣り堀ってこんなところ！　8
マスの中にはどんな魚たちがいる？　12
タックルと仕掛け＆パーツ　20
エサ＝「1に釣り座、2にエサ、3にタナ」というほど重要　28
　　　ダンゴ（練りエサ）　28
　　　生エサ　32
　　　活きエサ　34
海上釣り堀の釣り場＝マスについて　36
続・マスについて～魚種によるタナの違い　38

2章　海上釣り堀　初級編

朝イチは釣り座の抽選で運試し　42
代表的なターゲットのエサ　マダイ　46
代表的なターゲットのエサ　青もの　48
アワセのタイミングと強さのコツ　52
モーニングラッシュとは　54

3章　続・初級編①マダイをねらってみよう

基本の仕掛け調整　56
タナ取り　60
モーニングラッシュの後どうする?
　①エサのローテーション　62
　②タナの調整　64
　③投げる場所を少し変えてみる　66
マダイの魅力と意外性　68

4章　続・初級編②青ものをねらってみよう

基本の仕掛け調整　70
青もの特有のルールとマナーについて　74
青もの放流時のラッシュ　75
ハリの刺し方　76
放流時のラッシュとタナの調整　78
青もの釣りの基本のおさらい　80
海上釣り堀利用料金の目安　82

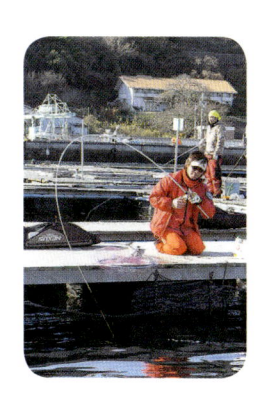

BOOKデザイン　佐藤安弘（イグアナ・グラフィックデザイン）
イラスト　堀口順一朗　　編集協力　時田眞吉

5章　創意工夫の中級編

マダイ
　「あと数尾」を釣るテクニック　84
　エサをさらに工夫する　88
　誘い方　91
　タナの探り方　94

青もの
　タックル＆仕掛けの工夫　96
　少しこだわったエサのローテーション　98
　誘い　100
　タナの再調整　102
　青もの釣りは奥が深い！　104

魚種別攻略法
　シマアジ　106
　イサキ　112
　イシダイ＆イシガキダイ　114
　クエ（クエハタ）　116
　ヒラメ・クロソイ　118

上級者への扉
　ズボ釣りにチャレンジ　120
　エサを自作してみよう　123

海上釣り堀用語集　125
おわりに　127

1章

ホワット・イズ・海上釣り堀?

まずは釣り場のようすと仕組み、マナーやルール、
そして気になる「どんな魚がいるの?」「釣り道具は?」「エサは?」といった
あたりから解説しよう

海上釣り堀
ってこんなところ！

基本のシステム

　海上釣り堀とは、ごく簡単にいえば海の管理釣り場だ。とはいっても「管理釣り場」＝ヘラブナやコイ、マスなどの淡水の管理釣り場を想像する人が多いかもしれない。

　「海の管理釣り場？　それって海釣り公園のこと？」と思う方もいるだろう。

　場所によって多少の差はあるが、海上釣り堀の基本的なシステムをざっと述べると以下のようになる。

- 入場料を払い決められた時間は釣り放題。
- 魚種は多彩。楽しみ方は人それぞれ。
- 家族やグループ、団体で貸し切りもOK。場所によっては大・中・小とマスの大きさがあるので人数によってマスの調整をして楽しめる。
- 1人で行っても、もちろんのんびり楽しめる（息抜きにも最適）。
- ビギナーでも現地スタッフの暖かい指導があるので心配無用。全くの初心者でもスタッフがエサの付け方から魚が釣れるまでを教えてくれるのが海上釣り堀のよいところ。
- 会社の同僚から「明日行こう」と誘われても、手ぶらで行ける。新たにタックルを揃える必要もなく、事前に誰かから借りる心配もナシ。ただ魚を釣ろうという気持ちだけで充分（現地にレンタル用品がある。もちろんエサも）。
- お持ち帰り用の簡易発泡クーラーも完備。

　海上釣り堀が近年人気なのは、このようにコンビニエンスなシステムが整っていることも大きいと思う。

　釣り場は、陸続きの施設と船で渡してもらって行くところが半々くらい。いずれも波の影響を受けにくく、足場もフラット。揺れもほとんどない。陸続きの施設では、少し疲れても車などで一休みできる。トイレはどちらにも完備され、小さな子どもや女性でも安心して楽しめる、海上のテーマパークだ。

　釣った魚を持ち帰ってさばくのは大変?!　ウロコ取りや3枚下ろしの経験がないという方もいらっしゃるかもしれない。そんな方でも心配ご無用。なぜならオプションで魚をさばいてくれるサービスまであるからだ。

　また、トラフグの場合は釣り場から黙って持ち出すのは厳禁で、フグ調理師の免許を持つ現地スタッフが必ず処理をしてくれる。

ルールとマナー

　釣り堀とはいっても、れっきとした

陸続きタイプの海上釣り場例

釣りザオが満月になるような大ものも！

9

ファミリーで気軽に楽しめるのも
大きな魅力の１つ

　海上のレジャー。自分の命を守るため、ライフジャケットの着用は必須。持っている方は必ず持参して、用意がない方にはレンタルもある。万が一事故にあってからでは遅いので、必ず着用しよう。

　海上釣り堀での基本的なルールをいくつか挙げると、まずサオは１人１本。予備ザオを持ち込むのはOK。撒きエサなどの寄せエサは禁止。サビキ仕掛けのようにハリがたくさん付いているのも禁止＝１本バリで釣るのがルールの１つだ。また、ルアーのような擬餌バリも禁止である。

●ゴミはゴミ箱に

　桟橋等にゴミ箱が設置されているので、燃えるゴミ・燃えないゴミは必ず分別してゴミ箱に。釣りの最中に風が吹いて、エサの袋などがマスの中に飛ぶことがある。そんな時も放置せず、タモですくって必ずゴミ箱に捨てること。

●トイレはトイレで

　トイレに関しては、イカダ上に設置されたトイレ（男・女別）を使用。まれにイカダの上から用をたす方を見かけるが、美味しい魚を持って帰るのだから、トイレは所定の場所を使用するのが常識。

●釣り座は抽選制

　釣り座（場所）は基本的に抽選で決まる。その後は１日そこから移動することはできない。場所によって釣れる・釣れないの差が出る時もあるが、釣り座移動は厳禁。貸し切りの場合はもちろん仲間内で自由に使用できる。

●「青で〜す」の声を聞いたら

　釣りの最中、スタッフや一般の方から「青で〜す」と大きな声が飛び交う。その時は必ずサオを上げるように（P74）。

●釣りが終わったら

　終了時には、レンタルしたタモ・スカリは必ず所定の位置に戻す。残ったエサも海に投棄せず、必ずゴミ箱へ。

海の王様に思わずVサイン

こんな貫禄のサイズも泳いでいる

釣果に恵まれればご覧のとおり

レンタルタックルもある

子どもも魚が大好き

オプションで釣った魚をさばいてくれるサービスも

釣果を簡易発泡クーラーで持ち帰ることも可能

マスの中にはどんな魚たちがいる？

レギュラーのマダイから人気の青もの、超レア・高級魚まで

　海上釣り堀のメインターゲットといえば、マダイとシマアジ。これは30～60㎝サイズが多い。

　お次は負けず劣らず人気の青もの！　引きは強烈、かつメジロをはじめ魚種もバラエティーに富んでいる。

　ほかにもまだまだ、とんでもないレア魚や大ものが潜んでいる釣り場も。イシダイやイシガキダイ、さらにはクエ、ヒラメなどの底ものもすごい。近年は高級魚を釣り分けて各魚種を持ち帰るアングラーも増えてきた。

　とにかくマスの中は上から底まで魚影だらけ。ではその各魚種について解説しよう。

マダイ　▶スズキ目タイ科

●シーズン　周年
●釣り難易度　★（★★★が最も難しい）
●美味・高級度　★★（★★★＋が最も美味しい）
●エサ　ダンゴ、ササミ、エビ、虫類

　自然界でよく釣れるのは30～70㎝。最大全長は1mを超える。身は白身で臭みやクセが少なく、刺身、椀種、鯛飯、焼き魚、塩釜など多彩な料理で味わえる。大型の引きは鋭く、海上釣り堀では年中ねらえるターゲットとして人気。

　ご存じ海の魚の王様。海上釣り堀でもこの王様をたくさん釣りあげようと、多くの方が日々工夫を凝らし、知恵を絞っている。

　マダイのタナの基本は「底から1ヒロ上」。しかし時期・潮・天候によってはタナがどんどん変わる。マスの中央で釣るよりも、ネット際でタナをどんどん変えていくと、どこかでタイのタナが見えてくる。

　釣り堀のタイはいろいろなエサに反応する。そこで種類をたくさん用意して、ローテーションしていくのがよいだろう。ダンゴや固形エサがだめな時は、意外に虫エサで爆釣になることも少なくない。

シマアジ ▶スズキ目アジ科

- ●シーズン　4月下旬〜11月
- ●釣り難易度　★★
- ●美味・高級度　★★★＋
- ●エサ　ダンゴ、ムキエビ、シラサエビ

最大全長は1mほど。釣り人の間では大型のものは「オオカミ」とも呼ばれる。アジ類のなかでも特に高級食材として知られ、刺身から蒸し物までさまざまな料理で楽しまれる。サイズの割に唇が薄くて弱く、バレやすいことから釣り人泣かせである。

　シマアジは寿司屋さんに行かないと食べられない？　そんなことはない。海上釣り堀のマスの中にはシマアジがわんさと入っている。マダイより上、水面から4〜5mに群れていることが多い。一度当たれば、同じ所で頻繁にアタリが出る数釣りのターゲット。

　シマアジは目がよく敏感な魚だ。ねらう時には少し細めの仕掛を用意しておこう。また、アジ科全般の特徴として口が弱いので、強引なやり取りは避けたい。

　基本のエサはシラサエビとダンゴ。時期によってはマムシ、オキアミなどとエサが変わるので予備エサとして少し持っていくのも大切。

メジロ ▶スズキ目アジ科

- ●シーズン　4〜1月
- ●釣り難易度　★★
- ●美味・高級度　★★★
- ●エサ　活きアジ、冷凍イワシ、切り身

最大で1m以上にもなる出世魚、ブリの60㎝くらいのものをメジロという（ワカシ→イナダ→ワラサ→ブリ。ツバス→ハマチ→メジロ→ブリなど）。養殖が盛んに行なわれる一方、冬に捕れる脂がのった「寒ブリ」も有名。回遊魚で食性は肉食。

　定番の青もので放流時には必ず食ってくる。中〜上層で群れをなす魚種。マスの中に多い時には100尾近く入っていることもある。

　毎回の放流後、通常よりも魚が多めに残ることがある。それらの活性がふたたび急激に高まる時が青ものラッシュのねらいめ。1尾がエサを食うと我先にと一斉に捕食モードへ突入。メジロはバラシ（ハリス切れ）てしまうと、後が続かない。アタリが止まってしまうことが多いので、掛かったらイトを切られないようにゆっくりやり取りするとよい。食い気が立ちだすと、水面でも食ってくるので、アングラーも釣りモードMaxになる。

ブリ ▶スズキ目アジ科

- ●シーズン　4〜1月
- ●釣り難易度　★★★
- ●美味・高級度　★★★
- ●エサ　活きアジ、切り身、イカ

出世魚として有名な回遊魚。ワカシ→イナダ→ワラサ→ブリ。ツバス→ハマチ→メジロ→ブリなど。ブリはおおむね80㎝以上を差すことが多い。食性は肉食で、成長するにしたがい小型甲殻類から小魚を多く捕食するようになる。

　出世魚の頂点ブリ！　さすがにこのクラスになると、ねらって釣るのが少し難しい。メジロのように数が入る魚種でもない。

　ただし、魚体が大きいだけあって、一度捕食スイッチが入るとメジロをかき分けて一気に食いだす。そんな時、メジロねらいの仕掛けでは少し不安がある。マスの中にブリも入っているのなら、少し太めのハリスを選んでおきたい。

　ブリを活性化させるには、まずエサを大きめに。誘い方も、大胆に大きく誘ったほうがよいだろう。釣り場によるが15kg（！）もの大型が入っていることもある。

カンパチ ▶スズキ目アジ科

- ●シーズン　5〜12月
- ●釣り難易度　★★
- ●美味・高級度　★★★
- ●エサ　活きアジ、ウグイ、活きアユ

成魚は1m前後になる。日本近海では春から夏に北上し、冬から春に南下する回遊魚。成長するにしたがい魚食性が強まり、小魚類を捕食するようになる。高級食材として知られ、脂が乗ってよく締まったその身は刺身や寿司、焼き物などさまざまに利用される。

　釣ってよし、食してもよし。マスの中でもカンパチを釣るのはなかなか難しい。放流されている魚種の中では最もどう猛で、捕食のタイミングを底で待っている。上層を回遊することもあるが、基本的には底のほうでゆったりと貫禄を見せて泳いでいる。

　メジロのように群れをなす魚ではないので、単発的なアタリが多い。ハリ掛かりするとずっしり重たく、ぐんぐん引っ張るので、1尾釣りあげればもう充分という方が多い。

　どう猛なため活きエサは少し大きめでも大丈夫。意外に冷凍イワシで食ってくることもある。

ヒラマサ ▶スズキ目アジ科

●シーズン　6～12月
●釣り難易度　★★★
●美味・高級度　★★★
●エサ　活きアジ、冷凍イワシ、切り身

成魚は1m前後だが、2mを超える個体も記録され、アジ科の中では最も大きくなる。外見はブリによく似るが、上アゴの上後端が丸みを帯びるなどの違いがある。小魚、甲殻類などを捕食する回遊性の肉食魚。高級食材として刺身から焼き物、煮物まで利用される。

「海のスプリンター」と呼ばれるくらいその引きは強烈。マスの中といえども、走り回るスピードはほかの青ものよりも格上！　ヒラマサはメジロとよく似て間違える人が多く、見分けが大切。メジロよりも魚体は細く、黄色いラインが入っている。また、腹ビレも白から黄色がかっていて、メジロより魚体がきれいだ。

ヒラマサはメジロの群れよりも下にいて、エサが落ちてくるのを待っていることが多い。なかなかお目にかかれない魚なので、釣りあげた時には、しっかりときれいな魚体を目に焼き付けておこう。

イシダイ ▶スズキ目イシダイ科

●シーズン　4～12月
●釣り難易度　★★★
●美味・高級度　★★★＋
●エサ　カニ類、アオイソメ

最大約70cmに達する磯の底もの釣りファン憧れの魚。7本の太い横縞があるが、成長すると不明瞭になる。肉食性で、ペンチのように頑丈なアゴと硬い歯で甲殻類、貝類をかみ砕いて捕食する。食味はあまり大きくないもののほうがよいとされる。

磯釣りでは、根ズレ対策もあるが、ワイヤをハリスに用いるほど歯が硬い。さらにイシダイはかなり敏感で警戒心が強く、臆病な性格をしている。

アタリもシビアで、マダイのようにウキを消し込んでいくのではなく、コツコツ、コツコツとエサを取ってしまうことが多い。したがって浮力の少ない細めのウキで釣るのがベストだ。ネット際で海藻に付いている虫などを捕食していることもよくある。

コーナーに止まっていることが多いので、魚影が見えた時は、上からあせらずゆっくりエサを落としていくのがよいだろう。

イシガキダイ ▶スズキ目イシダイ科

- ●シーズン　4〜12月
- ●釣り難易度　★★★
- ●美味・高級度　★★
- ●エサ　カニ類、貝類、マムシ

横縞のイシダイに対して、イシガキダイは全身の黒褐色が特徴。標準和名の由来は石垣を思わせるこの紋様から。老成したオスは紋様が消えて全身が灰褐色となり、口の周囲が白くなる。このような個体をクチジロとも呼び、磯の底もの釣りファン憧れの魚でもある。

釣りはイシダイと同じじゃないの？　と思いがちな人も多いかもしれない。確かに磯釣りでも同じ場所、同じ仕掛けで釣れるし、シルエットもよく似ている。

ただし、イシガキダイはイシダイほど警戒心がないので、底ものであるにもかかわらず、海上釣り堀では意外にも水面近くで見えることが多い。そんな時、虫エサなどを目の前にもっていくと、すぐに食ってくることもよくある。イシガキダイが放流されている釣り場でこの魚をねらう時は、底で食わせるよりも、上のほうのネット際を注視してみるとよいだろう。

ヒラメ ▶カレイ目ヒラメ科

- ●シーズン　周年
- ●釣り難易度　★★
- ●美味・高級度　★★★
- ●エサ　活きアジ、活きイワシ、キビナゴ

最大全長1mほど。沿岸の砂泥地の底に生息し、肉食で口が大きく歯は鋭く、夜行性。小魚や甲殻類、貝類、ゴカイなどを捕食する。釣りの格言に「ヒラメ40」とあるように、早アワセは禁物の魚。白身で高級食材としてよく知られ、エンガワも美味。

船釣りではアワセのタイミングが独特だったりと、ベテラン向けのターゲットというイメージが強い。しかし、海上釣り堀では意外と簡単に釣れてしまうことも。

海上釣り堀に限っていうと、ヒラメは底でねらって釣る魚ではない。マスの中にいるヒラメは意外にも底から少し上で泳いでいることが多く、青ものねらいで活きアジを泳がせていると食ってくるケースが多々ある。

確実にヒラメをねらう人は、活きイワシを用意するなど、エサの確保が大変。釣れた時には、あまり引きがないので、ゆっくり浮かせることが大切。歯の鋭さには要注意。

イサキ ▶スズキ目イサキ科

- ●シーズン　5～10月
- ●釣り難易度　★
- ●美味・高級度　★★
- ●エサ　ダンゴ、オキアミ

成魚の全長は40cm前後。海藻の多い磯場に群れで生息する。磯釣りでは人気ターゲットの1つ。群れているので釣れだすと数が期待できる。また、磯では夜釣りも盛んである。特に高級魚というわけではないが、塩焼きなどにするととても美味しい。

見た目が色黒で、関西ではあまりアングラーに好まれない魚。ではなぜ釣り堀対象魚なのかというと、それは身質。刺身にしてもいいし、煮付けにしても旨い魚だ。引きはあまりないが、1尾当たれば数釣りができる。イサキは同じところで必ず群れを成す魚なので、その日に当たった場所から、潮が大きく変わるまで移動しないことが多い。

当たり出した時、タナを少しずつ上へ上げていくと水面で見釣りができる、とてもかわいらしい魚でもある。ダンゴを少し小さめにするか、オキアミで少しの誘いをかけながら釣るのがベスト。

クロソイ ▶カサゴ目フサカサゴ科

- ●シーズン　11～5月
- ●釣り難易度　★
- ●美味・高級度　★
- ●エサ　キビナゴ、切り身

岩礁帯の底に生息する。天然個体は最大50cmを超えるとされる。名前のとおり全身黒っぽい体色をしている。よく似た魚にキツネメバルなどがいる。肉食性で、ルアー釣りの対象魚の1つ。東北や北海道では高級食材として知られる。

自然界では岩礁に生息するタイプの魚種。派手な動きはせず、海上釣り堀ではネットに身を隠すように止まっている。養殖ではあまり大きくならず、25cmくらいのものが多い。意外にどう猛な性格で、食おうとするエサに勢いよく飛びついてくる。

クロソイは、海上釣り堀では冬の数釣りを楽しむターゲットとして親しまれている。ご覧のとおり、見た目はいかつい顔をしているが、その味は白身で絶品。鍋にするのもよし、煮付けにするものよし。底もの魚に特有の味わいだ。

クエ ▶スズキ目ハタ科

- ●シーズン　10～3月
- ●釣り難易度　★★★
- ●美味・高級度　★★★
- ●エサ　活きアジ、冷凍イワシ、切り身

成魚は時に全長1mを超え、20kg以上にもなる。外洋に面した岩礁帯などに生息。群れを作らず、肉食・夜行性で魚類やイカなどを捕食する。相撲のちゃんこ鍋の具材としても知られる高級食材で、最近では養殖（クエハタ）も行なわれている。

こんな高級魚が釣り堀で釣れるのも、ニュースタイルの釣りならでは。とはいえ、そう簡単にはゲットできない。底ものの王様、クエ。しかし海上釣り堀のようなネットの中では、意外に中層から底層にかけてネットに身を寄せていることが多いようだ。エサにはこだわらず、ハリスを少し短くしてネット際でゆらゆらさせていると食ってくることが……。

また、動き回る魚ではないのでウキでアタリを取るのが難しいと思われがち。実際はどうかというと、ウキが少し沈んで止まっている時、それがクエのアタリだ。一度釣りあげると虜になってしまう魚でもある。

その他の魚たち

冬期のターゲット

両魚種とも、釣り物の少ない冬場に多く見られる。フグはそのまま持ち出しは厳禁で、釣ったら必ずフグ調理免許を持っているスタッフにさばいてもらう。

ギンザケはルアー感覚で釣れるので、エサを付けて目の前で動かしてやるとすぐに食ってくる（ただしルアー・擬似餌は厳禁）

トラフグ ▶フグ目フグ科

- ●シーズン　11～3月
- ●釣り難易度　★★
- ●美味・高級度　★★★
- ●エサ　オキアミ、ムキエビ、ササミ

ギンザケ （通称）

- ●シーズン　11～4月
- ●釣り難易度　★
- ●美味・高級度　★
- ●エサ　アオイソメ、虫類

ザ・モンスターズ（釣り場による）

　各釣り場では、目玉としてこんなBIGサイズの魚も放流している。いざ目にすると、スケールの違いに圧倒されてしまう人が続出。エサは同じようなものではあるが、タックルは入念に下調べをしないと太刀打ちできない。

　自然界でこういったモンスター級を釣りあげるのはまさに夢。しかし、海上釣りならチャンスは倍増！（しかも手軽に）

大クエ

- ●シーズン　11〜3月
- ●釣り難易度　★★★
- ●美味・高級度　★★★＋
- ●エサ　活きアジ、カツオ切り身、イワシ

モンスターカンパチ

- ●シーズン　5〜10月
- ●釣り難易度　★★★
- ●美味・高級度　★
- ●エサ　活きアジ（中）、イワシ1尾掛け

オオカミ（大シマアジ）

- ●シーズン　5〜10月
- ●釣り難易度　★★★
- ●美味・高級度　★★
- ●エサ　ミック（ダンゴ）、キビナゴ、ホタルイカ

タックルと仕掛け&パーツ
マダイと青ものに分けて準備しよう

サオ&リール

　海上釣り堀ではサオの長さに特に規定はないが、現状では3.6mが主流。各メーカーの製品も3.0、3.3、3.6、3.9mが基本の長さ。仕切られたマスを釣る環境ではこの範囲内がベストだろう。

　3m以下の短ザオでは探れる範囲が狭すぎて思うような釣りができない。逆に4.3～5.3mもある磯ザオでは取り扱いが大変で、周りにも迷惑がかかる。

　リールはギア比の違いがあるので、マダイ、青もの用をしっかり分けて用意する。

・マダイタックル
サオ　磯ザオ3号くらいまでがベスト
リール　スピニング2000～3000番

・青ものタックル
サオ　磯ザオ5号くらいまでがベスト
リール　スピニング3000～5000番

　ほか、サオは海上釣り堀専用ロッドもおススメ。船釣りザオの30～50号でもよい。

仕掛け&パーツとその他の釣り道具

　仕掛けは、ウキまで付いた便利な完成品もある。自作したい方にはもちろん各パーツが揃っている。ただし次の2アイテムは釣り場にレンタルがないので必ず揃えよう。

　1つはペンチ。マダイは歯が鋭いので、釣れたら必ずペンチでハリをつかんで外すこと。青ものも基本的には同じ。

　2つめはタナ取り。文字どおりタナ取りをする際に水深を測るための道具で、途中で釣れなくなったらこれで再度深さの調整をする。

●クーラー
　釣り場に簡易発泡タイプもあるが、余裕があればマイクーラーも揃えたい。ブリ等の大型魚も入る50L程度のサイズがよい。

●タモ・スカリ
　タモで掛けた魚をすくい、スカリは釣った魚を入れて生かしておくためのもの。両方ともレンタルがある。愛用品を持参する常連もいる。

●ウキ
　棒ウキ（環付きタイプ）を使う。マダイは3号、青ものは浮力があっても引っ張っていくので大きめの5～8号がいい。

●ウキ止メ
　自分で作るタイプから、セットするだけのもの、中通しタイプなどいろいろある。

●シモリ玉・ウキストッパー（からまん棒など）・ウキペット（ウキ装着用スイベル）
　シモリ玉＝ウキ止メだけではウキの環から抜けるため、シモリ玉で挟んでおく。
　ウキストッパー＝棒ウキがミチイトやハリスに絡まないようにするためのもの。
　ウキペット＝中通しの円錐ウキを使うマニアもいるが、ウキ交換時には一度仕掛け

サオは海上釣り堀専用タイプも市販されている

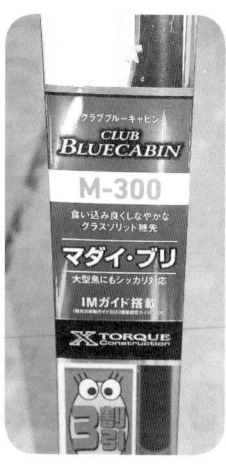

スピニングリールは、ねらうターゲット（マダイ、青もの）で選ぶサイズが違ってくる

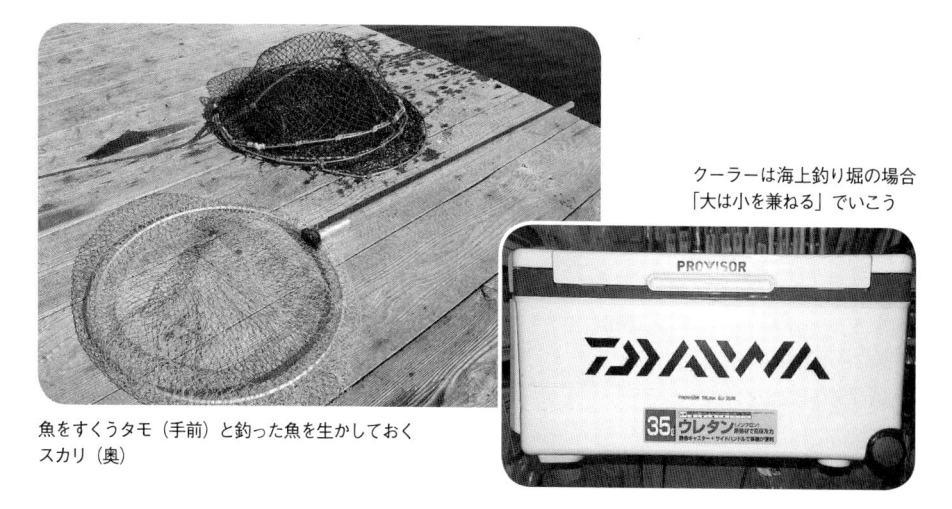

クーラーは海上釣り堀の場合「大は小を兼ねる」でいこう

魚をすくうタモ（手前）と釣った魚を生かしておくスカリ（奥）

ウキ上側のミチイトに付けてタナを固定するためのウキ止メ。イトやゴム製がある

ウキ周りに必要な仕掛けパーツ

ウキペット

シモリ玉

ウキストッパー

棒ウキ２種。上＝マダイ用、下＝浮力のある棒ウキは青もの用

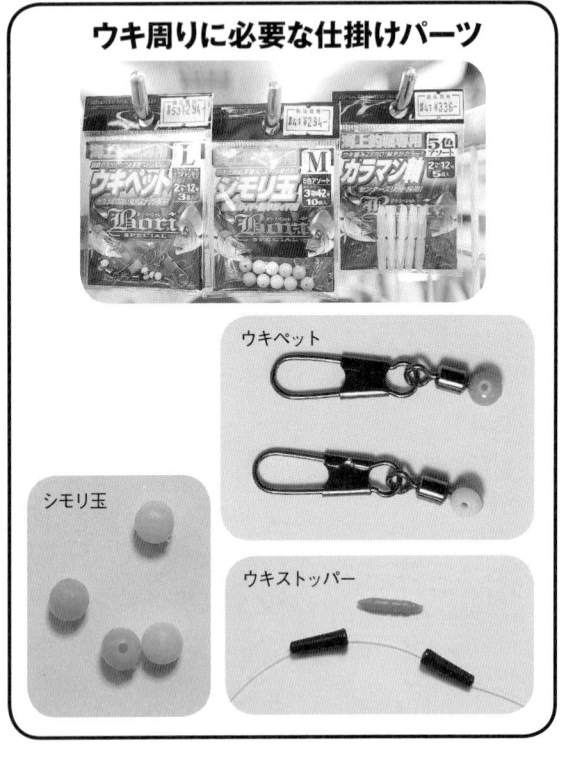

を切らないといけない。環付き棒ウキ＋ウキペットならワンタッチで交換できる。

●オモリ（シンカー）＆クッションゴム

オモリは必ずウキに合った号数を選ぶ。クッションゴムはハリス切れ防止のため。

●ハリ・ハリス

単体バリにハリスを結ぶことでさまざまな組み合わせが可能になる。それぞれの目安を記しておく。

ハリ・マダイ用＝伊勢尼10～11号。青もの用＝伊勢尼、真鯛王12～15号

ハリス・マダイ用＝3～6号、青もの用＝6～8号

ハリスはフロロカーボンとナイロン、2つの素材があるが、強度があって屈折率が小さいフロロカーボンがおススメだ。

オモリ（シンカー）&クッションゴム

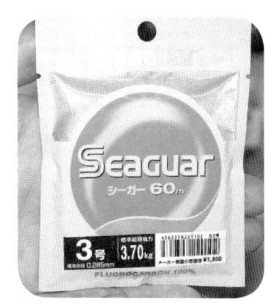

ハリス

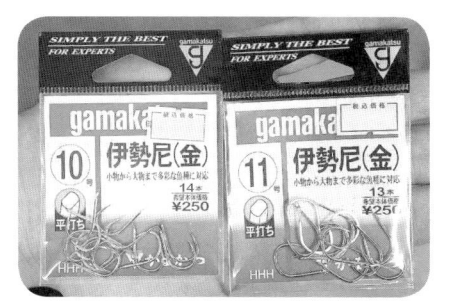

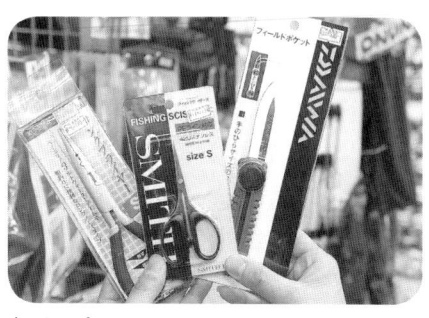

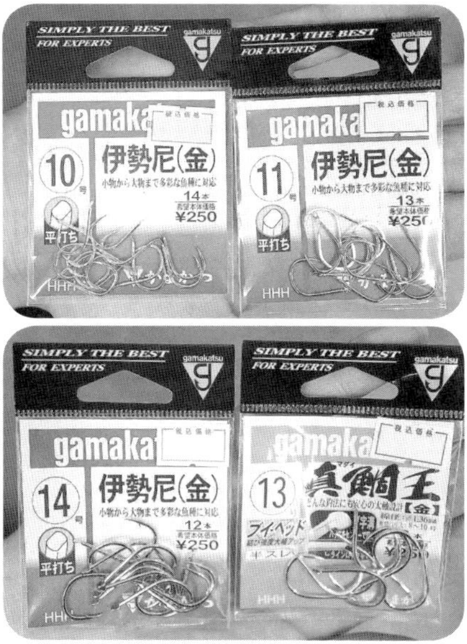

左から、プライヤー、ハサミ、ナイフ

単体バリ（ハリスを自分で結ぶタイプ）

タナ取り各種。さまざまな形状があるが、とにかく持参することが大事

●ナイフ・ペンチ・ハサミ

　ナイフ＝冷凍エサをカットする。小刀でもOK。ペンチ＝ハリを外す時に。ハサミ＝絡んだ仕掛を切る時などに必要。

●タナ取り

　水深を測るための必需品。どれでもよいから必ず1つは持っておこう。

●セット仕掛け・ハリス付きハリ

　仕掛け作りは面倒、難しいという方にはコレ。ハリが結べない人にはハリス付きハリが便利。ハリのサイズやハリスの号数などバリエーションも豊富。

●フィッシュグリップ

　魚が釣れた時に手を怪我しないために、魚の口を挟んで保持できる便利な製品もある。

23

ビギナー向けにウキまでセットになった市販仕掛けも便利

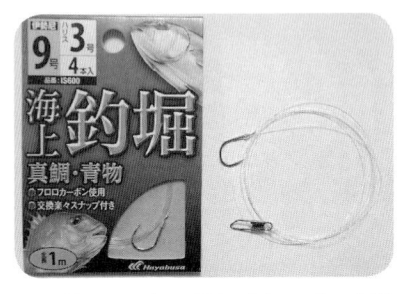

フィッシュグリップがあるとご覧のように魚をつかめるので安全だ

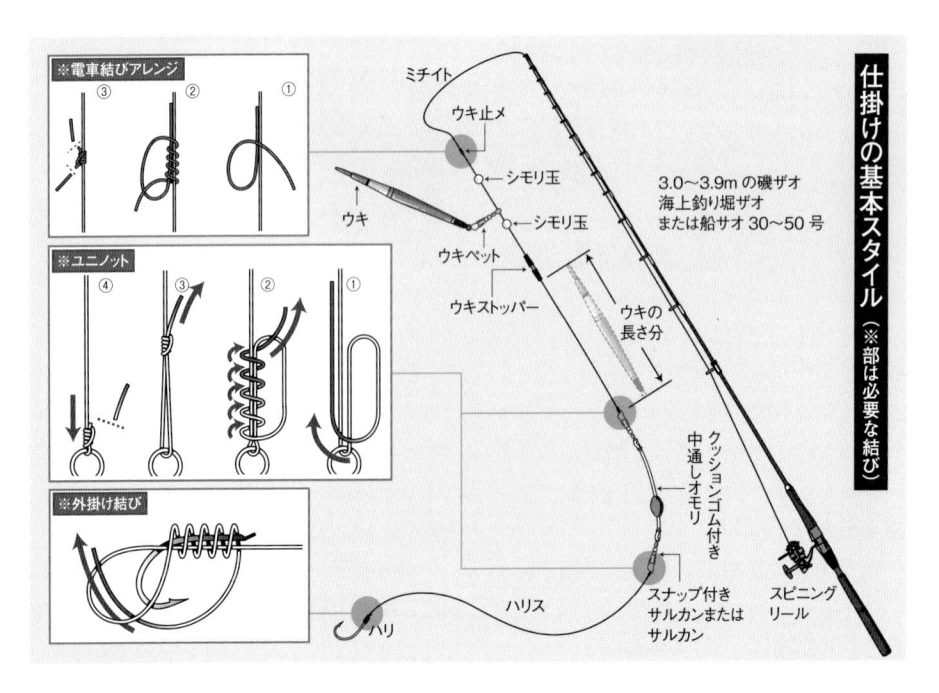

ハリス付きハリ。中には写真のようにスナップが付いたものまである

仕掛けの基本スタイル （※部は必要な結び）

※電車結びアレンジ
※ユニノット
※外掛け結び

ミチイト
ウキ止メ
シモリ玉
ウキ
シモリ玉
ウキペット
ウキストッパー
ウキの長さ分
クッションゴム付き中通しオモリ
スナップ付きサルカンまたはサルカン
ハリス
ハリ
スピニングリール

3.0～3.9mの磯ザオ
海上釣り堀ザオ
または船サオ 30～50号

電車結び

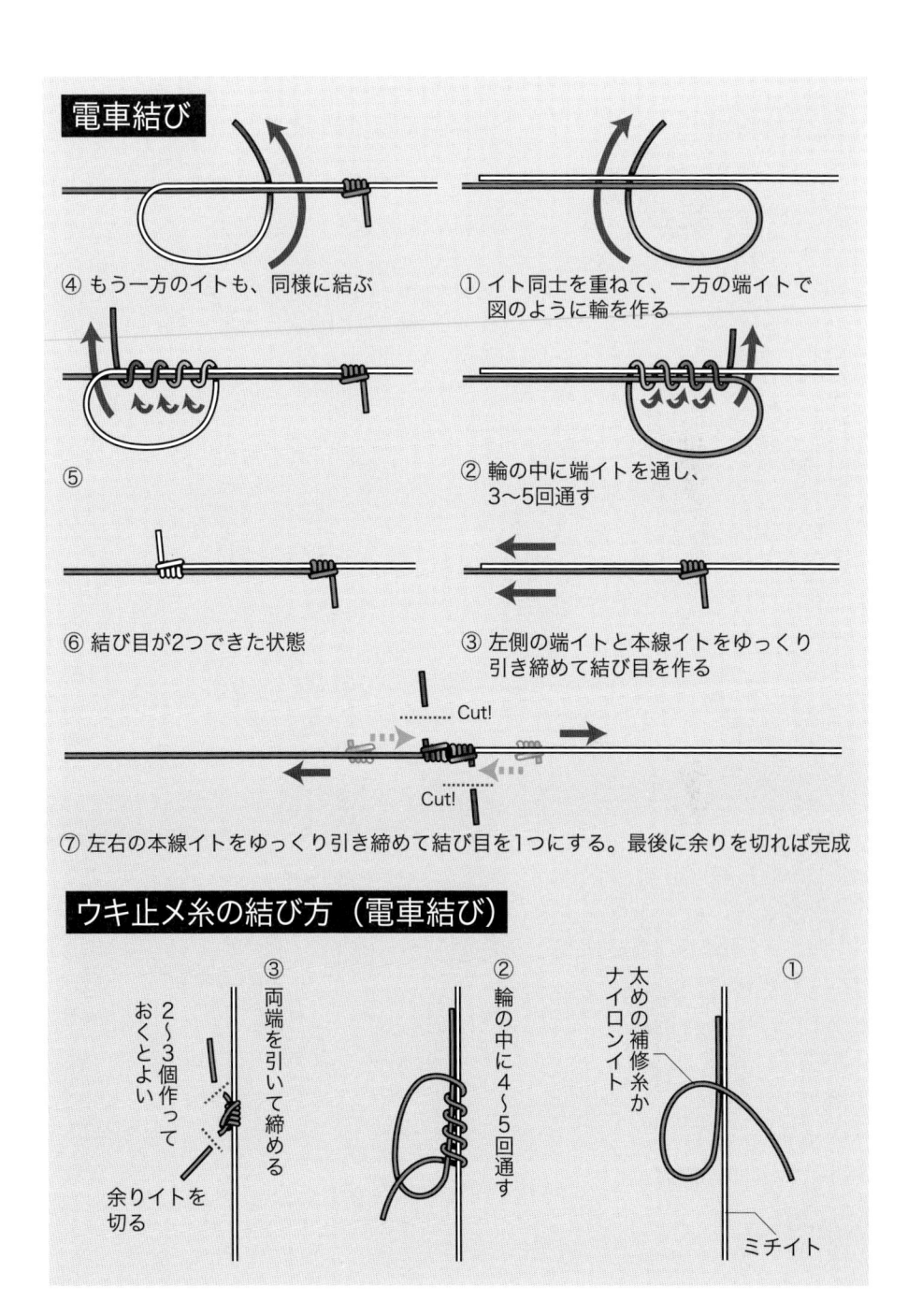

④ もう一方のイトも、同様に結ぶ

① イト同士を重ねて、一方の端イトで図のように輪を作る

⑤

② 輪の中に端イトを通し、3～5回通す

⑥ 結び目が2つできた状態

③ 左側の端イトと本線イトをゆっくり引き締めて結び目を作る

Cut!
Cut!

⑦ 左右の本線イトをゆっくり引き締めて結び目を1つにする。最後に余りを切れば完成

ウキ止メ糸の結び方（電車結び）

① 太めの補修糸かナイロンイト

ミチイト

② 輪の中に4～5回通す

③ 両端を引いて締める

2～3個作っておくとよい

余りイトを切る

ユニノット

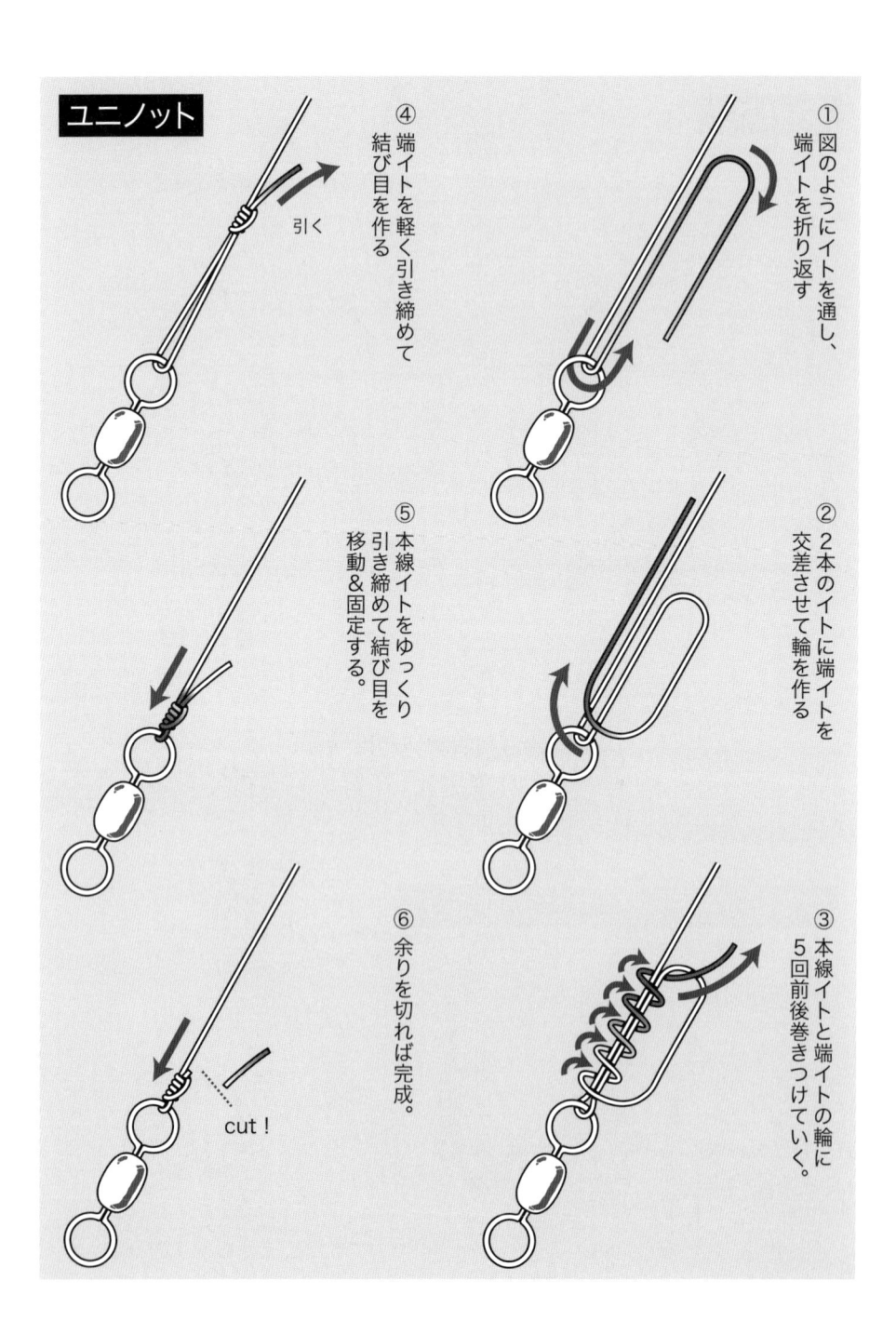

① 図のようにイトを通し、端イトを折り返す

② 2本のイトに端イトを交差させて輪を作る

③ 本線イトと端イトの輪に5回前後巻きつけていく。

④ 端イトを軽く引き締めて結び目を作る

引く

⑤ 本線イトをゆっくり引き締めて結び目を移動&固定する。

⑥ 余りを切れば完成。

cut!

外掛け結び

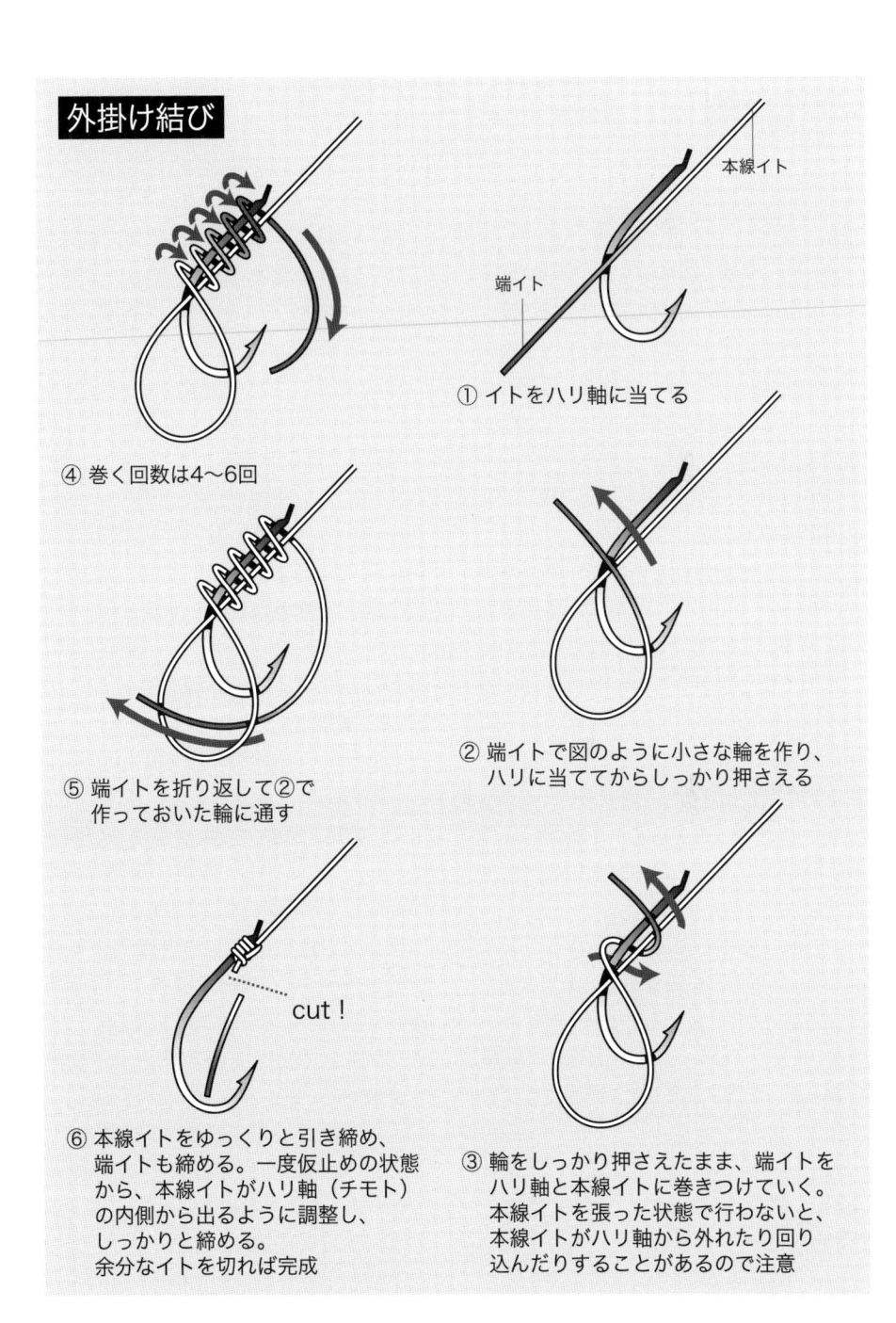

① イトをハリ軸に当てる

本線イト
端イト

② 端イトで図のように小さな輪を作り、ハリに当ててからしっかり押さえる

③ 輪をしっかり押さえたまま、端イトをハリ軸と本線イトに巻きつけていく。本線イトを張った状態で行わないと、本線イトがハリ軸から外れたり回り込んだりすることがあるので注意

④ 巻く回数は4〜6回

⑤ 端イトを折り返して②で作っておいた輪に通す

cut！

⑥ 本線イトをゆっくりと引き締め、端イトも締める。一度仮止めの状態から、本線イトがハリ軸（チモト）の内側から出るように調整し、しっかりと締める。余分なイトを切れば完成

エサ＝「1に釣り座、2にエサ、3にタナ」というほど重要

エサの種類は大別すると3つ

　魚を釣るためには何といってもエサ、あるいは擬似餌（ルアーやフライ）が必要。

　エサ釣りの分野では、一部の特殊な釣りを除けば1～2種類のエサで1日楽しめることが多い。マダイ釣りにはエビ、青ものには小魚やオキアミ、シロギスやカレイには虫エサといった具合だ。多い釣りでも5～6種類ではないだろうか。

　ところが海上釣り堀ではエサ事情が大きく異なる。1つのマスの中には多種多彩な魚が泳いでいる。そしてねらう魚が変わればエサも変わる。ましてや、そこに多くの釣り人が入れ替わり立ち代り同じエサで仕掛けを下ろすとどうなるだろうか？　魚にすぐ飽きられたり、警戒されてしまう可能性はとても高い。2～3種類のエサでは納得のいく釣りが出来ないことが実感できるだろう。

　いざ釣り始めて隣の人は入れ食いモード。自分はちっとも釣れない。エサを聞くと自分が持っていないものを使っている。「買ってくればよかった〜」と嘆いても後の祭りだ。こういうことが、現実にしばしば起こっている。

　海上釣り堀では、釣りの知識はなくても「エサの知識と、釣り場にマッチしたエサの下調べ」はとても大切。

　実は、海上釣り堀の釣果を左右する3大要素は「1に釣り座、2にエサ、3にタナ」といわれている。それほどまでにエサ1つで釣果が変わることが多い。朝イチから爆釣モードのエサでも、時合が止まると一切当たらなくなることもよくある。

　そんな時、エサを少し変えてみるとポツポツとまたアタリが復活してきたりする。

　では、エサは何種類いるのか？　最近は各メーカーからいろいろな種類が市販されている。ダンゴ（練りエサ）だけでも何10種類とある。生エサもかなりのバリエーション。それに加えて活きエサまでとなると、エサを選ぶだけで頭が混乱してしまう。だからこそ事前情報をキャッチしておくことが大切。

　当たりエサは季節や釣り場によってばらつきがある。したがって現地に聞くのが一番。季節、天候、水温、それぞれの要素に合ったエサがあり、知識と情報があれば無駄なエサを買わなくてすむ。

　最近は、自家製のエサを販売する釣り場も多い。また自分で作るという手もある。そして、これらのエサを上手にローテーションしていくことで、どんどん釣果が変わってくるだろう。エサのローテーション、海上釣り堀ではこれが超重要！

　それでは具体的にダンゴ、生エサ、活きエサの3つに分けて解説しよう。ここで紹介するダンゴは全体の一部で、他メーカーからもさまざまな製品が市販されている。

ダンゴ（練りエサ）

海上釣り掘の主流エサ

　海上釣り掘用に作られたもので、名前のとおり最初から球状（ダンゴ）になっている。つまりヘラブナ釣りやイカダのチヌ釣りで使うダンゴとは少し違う。種類は豊富にあり、魚粉の匂が強いイワシダンゴ、粘りの強い生ミック、アミノ酸が入ったフェロモンダンゴ、などなど。

　時期によっては同じダンゴでも色が変わると食ってこないことも多く、色も重要な要素になる。同色だけではなく、色違いのダンゴを3種類ほど持っていると安心できる。

　また、自分で固さを調整して作るダンゴもある。これは粉末タイプを練るもので、海中で撒きエサのようにパラパラと崩れていくのだが、エサ取りも寄せてしまうので要注意。季節とターゲットを決めて使うのが有効だ。ただし、釣り場によってはバラケエサ禁止の所もあるので要確認。また「撒きエサ」そのものは禁止である。

　ダンゴはメーカーによって大きさが少しずつ異なるが、大きさよりも質（内容）を吟味して購入するのがよいだろう。また、一度の釣行で使い切れなくても持ち帰って冷凍保存が利く。

生ミック（趣味娯楽社）
全魚種に対応できる定番エサ。初心者からベテランまで使っている

マダイイエロー（マルキユー）
マダイには一押し。目先の色を変えるにはコレ。製品名のとおり黄色いダンゴ

ダンゴ（練りエサ）

マダイスペシャル（マルキユー）
マダイだけではなくシマアジの反応も抜群によい。甘い香り付きでエサ持ちもよい

魚玉（マルキユー）
エサ持ちがよくエサ取りや少し深場に強い

オキアミだんご（マルキユー）
ダンゴにしては柔らかく、エビの匂いが強いのでシマアジねらいに最適

海上釣堀ダンゴ　ローテーションパック（ダイワ）
3種類＆3カラーでローテーションをするには最適。小分けになっているので使いやすさも抜群

イワシだんご（マルキユー）
これも定番ダンゴだ。イワシの匂いが強く、大きく付けて青ものねらいにも使える

だんご：黄（魚かし）
ダンゴエサにしては意外に軽く粘りがある。マダイ釣りに最適

プレミアムダンゴ（フィッシングマックス）
チェーン釣具店オリジナル製品。魚が食った時にすぐ割れるため集魚効果も高い

えっさ（魚かし）
ダンゴの大きさを自分で作れるので量も自由自在。エサ持ちがよいのでマダイをじっくりねらうにはコレ

●バラケエサ
元祖えびだんごの素（魚かし）
ダンゴに固めて投入するが、水に触れた時点でパラパラと崩れながら落ちる性質を持つ。アミエビをベースとしているので、寄せ餌効果は抜群。シマアジに最適
（注）撒き餌的な効果もあり、場所によっては使用禁止の所もあるので釣行の際は事前に確認したほうがよい。

一撃（フィッシングマックス）
チェーン釣具店オリジナル製品。やはり食いは抜群

生エサ

ダンゴ＋何種類か揃えておかないと不安

切り身に鶏肉、着色も

　写真のような小魚や魚の切り身、エビ類、鳥肉の加工品などが効果的な生エサだ。これらは海上釣り堀近くの釣具店などでほぼ揃うが、スーパー・魚屋でイワシやキビナゴを購入する方も多い。スーパーのものはリアル生魚。釣具店にはエサ用に加工されたものが置かれている。たとえばイワシやキビナゴは痛まないように少し塩漬けにしてあったり、ササミ（鳥肉）などは着色、味付けなどさまざまな手が加えられている。ベテランになると、自分だけの着色（カラーバリエーション）等、いろいろな工夫を施している。

　生エサの使い方は、ねらう魚種によって小魚をさらに小さくカットしたり、イワシにサンマの切り身を付けたり、これまたさまざま。その少し違ったエサに反応して大きなメジロクラスが食ってくることも多い。

　幅広い魚種に対応できるのが生エサの強みなので、ダンゴ同様何種類か持っていくのがよいだろう。

　各エサとも1パックでそれなりの量があるので、1パックずつ3～4種類用意すれば充分。エサ用に小さなクーラーボックスを1つ持っていると生エサの傷み防止になり、余っても冷蔵庫で冷凍すればまた使える。

いわし（浜市）
必携の冷凍エサ。1尾掛けでもよし、カットして小さく使ってもよし。マダイ、青もの両方に効果的！

きびなご（浜市）
生エサで一番使い勝手のよいサイズ。時期によってはカンパチがキビナゴしか食わない時もある

カツオのハラモ（浜市）
はじめからカットしてあるので便利。メジロやブリがよく食うエサの1つ

冷凍ソウダガツオ
1尾で販売しているのを自由にカットして使う。輪切り、角切り何でもOK、臨機応変に釣り場に対応しよう

さんま短冊切り（フィッシングマックス）
青もののほか、底もの（クエ、ソイ等）には外せないエサ

G甘エビ（浜市）
マダイ釣りに必要。1匹掛けのほか、頭を取って尻尾だけを使ってもよい

特選むきエビ（マルキュー）
アミノ酸に漬け込んだ生ムキエビ。柔らかくてもエサ持ちがよいのでマダイにはコレ

Gクリル（浜市）
マダイ釣りの代表的なエサ、オキアミ。海上釣り堀ではシマアジ、イサキにも使う

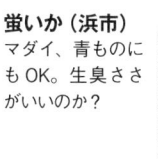

蛍いか（浜市）
マダイ、青ものにもOK。生臭ささがいいのか？

活えび（浜市）
不思議なくらい誰もが持ってくるエサ。殻付きなのでエサ取りにも強い。少し大きめのエビなので青ものも食ってくることが多い
（注）日にちが経つとエビが黒く変色するので要冷凍保存

くわせイガイ（マルキュー）
春先、マダイが虫エサを好む時期によく当たるエサの1つ。イシダイ、イシガキダイにも有効

KAZUオリジナルムキエビ
KAZUオリジナルササミ
ベテランになると自作エサを持参する方も多い。ムキエビは黄（ウニ色）に着色＆アミノ酸等を配合。ササミは同じく黄色に着色＆アルコールまたは砂糖漬け。オリジナルのエサも釣果アップの要素の1つだ

33

活きエサ
動きで魚を引きつける小魚、エビ、カニ、虫類

生きているから魚も違和感がない

ここでいう活きエサとは、小魚を含む「活かして持って行くエサ」すべてを差す。活きエサは季節によって釣れる魚がかなり違ってくる。また、入手が容易なエサと難しいものがあるので、事前に最寄りの店などで有無を必ず確認しよう。シマアジのようなアジ科の魚は活きたエビを好む。マダイも甲殻類を好むので同じ。少量でも持参する必要性は大きい。

青ものなどの大きな魚に関しては、ハリに付けておくだけで自らアピールしてくれる小魚がイチ押しの必携エサだ。

そのほか最近の釣具店ではウグイ、稚アユ、アマゴなどを海上釣り堀用のエサとして販売しているところもあり、これらも意外によく釣れる。

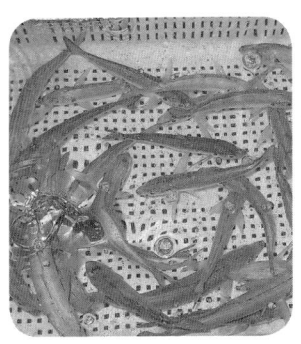

アジ
青もの釣りには大本命。大半の釣り場では活きアジを扱っているが、念のため必ず事前に確認したほうがよい

ウグイ（銀ぺい）
最近現われた新顔。こちらも青もの釣りエサの大本命になりつつある

稚アユ
カンパチを釣るエサとして欠かせない。ただし時期によっては入手困難なので注意

アマゴ
稚アユと異なる動きをするので、目先を変えたい時用として活きエサのローテーションに入れておこう

イワガニ
活きエサを扱う釣具店の大半にある。イシダイ、イシガキダイをねらう方は必ず持っていこう

ボケ（カメジャコ）
爪が大きいので底層でマダイにアピールするには最適のエサ。陸であまり動かないが海の中ではよく動く

サワガニ
イワガニとは異なり淡水のカニ。海水には弱いと思われがちだが意外に強く、KAZUもイチ押しのマダイ釣りの絶好エサ

アオイソメ
大きさはさまざまで、極力太いものを選びたい。クネクネした動きで魚が寄ってくる。年中使えるエサの1つ

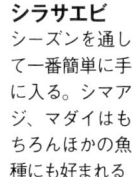

シラサエビ
シーズンを通して一番簡単に手に入る。シマアジ、マダイはもちろんほかの魚種にも好まれる

マムシ
カレイ釣りなどではよく使われる。海上釣り堀では小さくカットして使うとシマアジが食ってくることがよくある

アオコガネ
アオイソメよりも脚が長く、海中でのアピールも強い。マダイに1匹掛けで大きくアピールしてみよう。KAZUイチ押しエサ

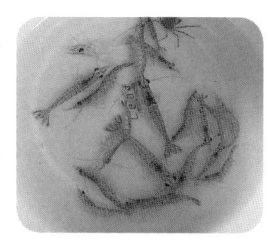

ウタセエビ
シラサエビより少し粒が大きめ。海に生息する種類なので、当然マダイの大好物。KAZUイチ押し

アジバケツ
釣具店でアジを購入する際、活かしておくためにエアポンプ付きのアジバケツが必要になる。釣り場で購入する場合は現地に設置されている

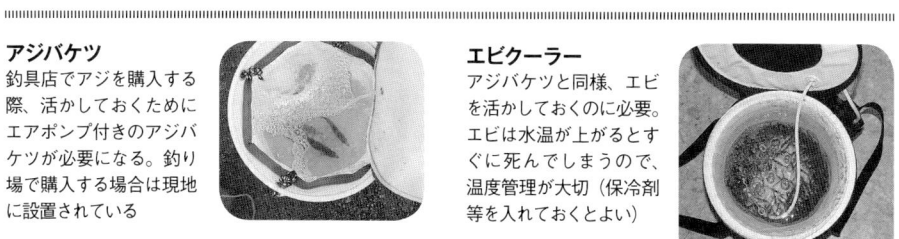

エビクーラー
アジバケツと同様、エビを活かしておくのに必要。エビは水温が上がるとすぐに死んでしまうので、温度管理が大切（保冷剤等を入れておくとよい）

海上釣り堀の釣り場＝マスについて
水深6〜10m、大きさも何種類かあり

釣り場のマスはいくつかの大きさがある

　海上釣り堀は仕切られた1つ1つのマスが釣り場だ。個人やグループ、家族で楽しむもよし、また団体でマスを貸し切ることも可能だ。

　釣り場は陸続きと船で渡してもらう2パターンがある。前者は事務所でエサなどを販売しているところが多い。後者はだいたい船着場付近で氷や発泡クーラー等を販売している。初めて行く釣り場では下調べをしておいたほうがよいだろう。

　マスの大きさは多くの場合、深い所で6〜10m。1つのマスでもネットの浮き沈みがあるので、深さはバラバラ。また一番底にはネットがあるので、根掛かりを防ぐ意味でも底ダチは重要。タナ取りで常時深さを確認する必要がある。

　マスのサイズは、大マスが18×18mくらい、小マスは8×8m前後。人数によって使うマスが違うので、貸し切りの場合は事前に確認を。また釣り場によっては大もの専用などの特別なマスを設置していることもある。その場合、料金が異なることもあるので要確認。ちなみに1日の料金だが、通常大人1名1万円前後であることが多い。

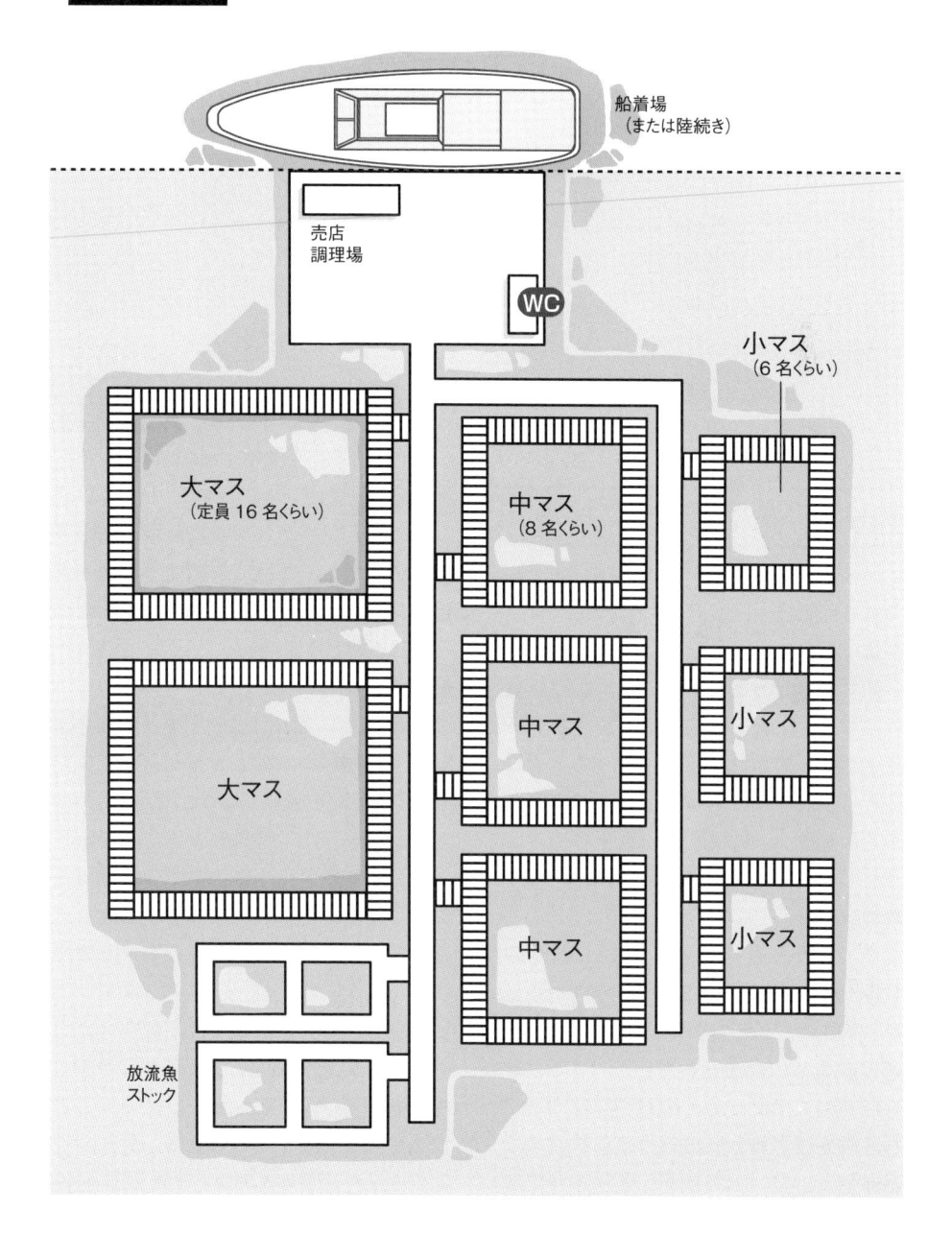

海上釣り堀例

続・マスについて〜魚種によるタナの違い
魚にはそれぞれいやすい場所がある

釣りたい魚はどの層にいる？

　図のように網（マス）の中に放されている魚も自然界と同じく、習性によってタナが違う。

　同じタナばかりねらっていても釣果は伸びない。タナに関する魚の習性を知ろう。魚種が変われば当然生息するタナも変わってくる。また、イメージと実際が異なることも多い。魚種別に例を挙げてみよう。

●カンパチ

　少し釣りの経験がある方なら、青もの＝上の層を回遊していると思いがちだ。しかし同じ青ものでもカンパチの場合は、網の底近くに身を潜めていたりする。意外に神経質でデリケートな性格で、少しでも危険を感じると底のほうに身を潜めてしまうのだ。ねらって簡単に釣れる魚ではない理由の1つがここにある。

　また、カンパチはメジロやブリよりもどう猛なうえに単独で行動する習性があり、メジロやブリのように群れを作らない（後ほど詳しく説明）。

●マダイ

　この魚は季節によって生息する深さが変化する。夏場は中層、冬場は網底近く。そして1年間を通してみると底から2mほど上くらいで、カンパチの少し上にいる。

　マダイは意外にもマスの中では群れていることがあり、1尾当たると同じところで連続ヒットの可能性もある。一方でバラシ（ハリス切れ）てしまうと、警戒してピタリとアタリが止まることが多い。逆に、食いが立っている時は底からどんどん上がってくるので上層のシマアジと同じタナになることもしばしば。かといってアタリが止まるとカンパチと同じ一番

マスの断面図

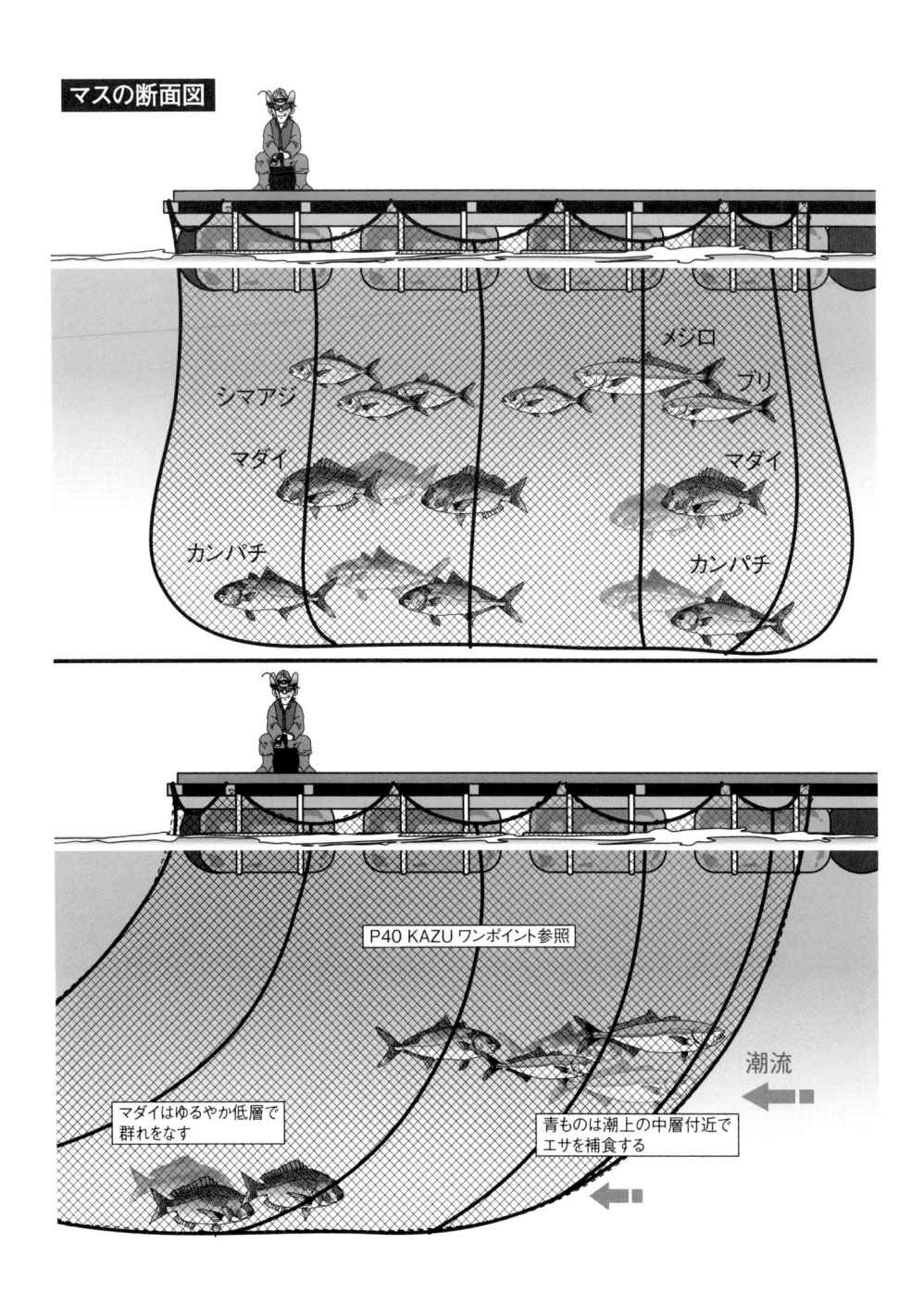

底層にピタリとひっついてしまう可能性も高い。

こう書くとやっかいな魚にも思えるが、底層〜上層を探って楽しめるので、結果として海上釣り堀ではメインターゲットになりやすい。

●**シマアジ**

中層から上層にかけては、シマアジが群れていることが多い。シマアジは大きくてもアジ科の魚なので群れる習性がある。また、海上釣り堀のターゲットの中では一番敏感な魚でもあり、魚層が見えるか見えないかのところをよく泳ぎ回っている。また、シマアジは視力が優れている。そのためマダイやメジロ・ブリのような釣り方では少し難しく、逆に、シマアジだけをねらって釣りにくるマニアックな方も多い。場所や季節によってはシマアジ専用イケスも出来るほど人気が高い高級魚だ。

●**メジロ・ブリ**

誰もが釣ってみたい青もの、メジロ・ブリ。放流直後は一度底まで潜っていき、マスに慣れると中〜上層を縄張りとして泳ぎ回る。シマアジと同じくらいの層だが、水温が低い冬場は底層に入る。

青もの特有の習性で捕食の際は上層に群れをなして小魚を追う。メジロ・ブリを釣るのに生きた小魚等が有効なのはこの食性・習性によるものだ。

KAZU ワンポイント
潮上からエサを流せ

釣り堀といっても潮の流れは充分にある。ここで1つ覚えておきたい豆知識。それは、魚は必ず潮上を向いてエサを捕食するということ。

したがって青ものを釣る場合には、中層辺りで潮上からエサを流していくのがベスト。潮下から潮上に向かって青ものが真っ先に捕食してくるシーンがよく見られる。

マダイのようにあまり泳ぎ回らない魚は、底層のネットのくぼみなどに潜んでいることが多い。少しでも潮が緩やかになるところでタイは群れをなすので、潮が利いている時はそんなところを捜してねらうのもよい。

青ものの習性を利用すれば数も伸ばせる

2章

海上釣り堀　初級編

1日の運命を決める釣り座の抽選から、釣り座のセッティング、
そして海上釣り堀特有の「モーニングラッシュ」に合わせた
エサの選択とローテーションについて軽く触れる

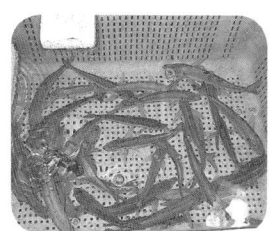

朝イチは釣り座の抽選で運試し
前日までにまず予約を

釣り場に着いたら最初に受付をすませておくこと。その後「運試し」の抽選により、釣り座を選べる順番が決まる

　海上釣り堀へ到着したら、まずは事務所で受付をすませる。もちろん前日までに予約を入れてあることが前提。そして当日は受付の後、必ず釣り座の抽選がある。朝から1日を大きく左右する運試しの瞬間だ。

　よくある抽選のシステムは、まず受付順にくじを引き、くじの一番から好きな釣り座を選べるというもの。そして、一度選んだ釣り座は貸切の場合を除いて移動することができない。

　1章エサの頁で記したように、箱形のマスを釣る海上釣り堀では、釣り座が釣果を分ける最重要ポイントになる。同じマスの中でも潮の当たるところと当たらないところ、1m横に行くと魚が食ってこないポイントだってあるのだ。また、座る場所によってはネットの変動（浮き沈み）があるので、その点も少し頭に入れて場所選びをする必要がある。

　マスの中には魚がたくさん入っているが、潮の流れ・時間帯によっては、ある一定の場所に魚がかたまってしまうことも多々ある。うまく魚が集まる場所に座っていると、1日を通して魚が釣れる（釣果が伸びる）こともある。それほど釣り座抽選は重要な鍵となるのだ。

釣り座のセッティング

　スタッフの合図のもと、抽選順にマスの中に道具を運ぶ。その時に必ずタモとスカリも持っていくこと。どの釣り堀でもタモ・スカリの設置場所があるのでこの点も要確認。

　順番に場所取りをすませたら釣りの用意に入るが、ここで気を付けたいことが1つ。それは、釣り座の桟橋は多くの人が行き来するので、サオや道具を踏まれないよ

「どこにしようかしら?」。抽選で決まった順番で釣り人は思い思いの場所へ。楽しい1日の始まり

魚をすくうタモと、釣った魚を入れておくためのスカリ。釣り座選びの際にはこの2つを忘れずに持っていくこと

うに必ず1ヵ所にまとめて置くこと。特にグループの場合は他の方に迷惑がかからないように気をつけたい。

　用意が出来たところで、開始までに必ずしないといけないことが1つ。スタートの合図とともに一斉に仕掛を投入するのだが、その前に必ずタナ取りを使ってマスの深さをチェック!　現地でスタッフに聞けばおおよその水深を教えてもらえる。それを基準にして、タナ取りでさらに確認すること。

　タナ取りが決まったらお次はエサの準備。海上釣り堀には、「モーニングラッシュ」(P54で解説)という朝イチ爆釣タイムがある。その時に1つ1つエサを出していると、せっかくの爆釣タイムが終わってしまうので、あらかじめ何種類かのエサを足元に並べておくとよい。

　ここまでの用意がスムーズにできた方は、釣り開始までまだ時間がある。その間に現地で販売している青もの用活きアジなどを購入しておくのもよい。放流前にバタバタと走り回るよりも、空き時間を利用して自分の釣り座にエサを揃えておくほうが安心だ。

　現地で活きアジを買うと、購入時にアミカゴを渡してくれるのでそれを海に浸けて活かしておく。特に暑い夏場などはアジがすぐ弱ってしまうので、必ず速やかに海中に浸けることを心がけよう。

43

釣り座の実際①開始前
自分の釣り座の足元には、魚が釣れてすくい上げる時、邪魔にならないように必要最低限以外の物は置かない。その場で使わない道具は後ろにまとめておく
エサをカットするナイフ、釣れた時にハリを外すペンチ、常時タナを計るためのタナ取り、そしてエサが数種類。タモは魚が釣れた時、すぐに取れるくらいの位置に置くのがベスト。スカリは釣り場によってマスの中に設置するところと外に設置するところがある。3mも横に行くと隣の人のスカリがあるので間違えないように

タモ
道具類
ウキ
エサ
手ふき

釣り座の実際②釣り始めたら……
隣の人に迷惑がかからないセッティング例。クーラーをイス代わりに使うとよい

海上釣り堀は隣の人との距離が近い。魚を掛けたら、主導権を魚に与えないようにして取り込むことが大切だ

KAZU ワンポイント
釣り座選びは「コーナーを取れ」

　いくら釣り座選びが重要といっても、選択基準が分からない初めての方は戸惑うだろう。しかも、当日は公平を期す意味からか「どこがいいの？」とスタッフに聞いても答えは得られない。しかし前日までに電話で問い合わせれば、今日はどのへんで食っているなどと教えてくれるので、まずこれを参考に（あくまでも参考。翌日も同じ状況とは限らない）。

　次に、海上釣り堀のポイント選びの大原則として「隅（コーナー）を釣れ」というものがある。潮目や風などの状況が読めないビギナーの方は、前日にその日の状況を聞いたうえで、釣果と重複するマスのコーナーに釣り座を取るのが最良の策といえるかもしれない。

釣り堀の角には魚が溜まりやすい！

代表的なターゲットのエサ

マダイ

　海上釣り堀では多くの場合、スタートと同時に一斉にタイが食ってくる。そしてスタッフがあらかじめモーニングラッシュ時（P54で解説）のエサは何がよいか教えてくれる。通常2、3種類で、それらを使うことで数尾はゲットできるはず。この時に間違いやすい（釣果が伸びない）のは、勧められた以外のエサをローテーションしてしまうこと。これは失敗の元だ。スタッフ朝一番のおすすめは、ほぼ間違いのない当たりエサ。モーニングラッシュはそれだけで釣るのが正解。

　朝イチにダンゴで3尾当たったとする。するとつい、「このエサも当たるかな？」と虫エサも付けてみたりするものだが、こんな冒険をするのはまだ早い。当たったエサで魚をゲットするのが釣果を伸ばすコツ。なかでも手返しのよい（エサ付けしやすい）ダンゴ、ササミ、ムキエビはベストのエサだ。スタッフのおすすめもまずこれらの中からと思ってよい。上級者になるとこの時間帯だけでタイを10数尾もゲットする方もいる。

　もちろんエサはモーニングラッシュ時の数種類だけがすべてではない。後ほどローテーションに組み入れるもののほかに、主流となるものを少し紹介しよう。

ダンゴ

　マダイが本命の人は、季節にもよるがダンゴ2～3種類、生エサ2～3種類、活きエサ1～2種類を「タイ釣りエサの3原則」として取り入れている。そのうちダンゴはノーマルな色（生ミックやいわしだんごなどの肌色～茶色）、黄色やピンクの色違い、さらに匂いを使ったアミノ酸系の3つが基本。ノーマルなダンゴで反応がない時には、イエローマダイのような色違いのエサが必要になる。

　アミノ酸系は、シマアジが食ってくることも多いので欠かせない。また、ノーマルや黄色でアタリがない時には、これらをミックスすると当たることがある。

生エサ

　現地に生エサがすべてあるとは限らない。そこでまず持って行くものを挙げよう。現地で購入しやすいササミ、ムキエビのほか、あると安心なのが殻付きの冷凍エビ、ホタルイカなど。魚の食いを見るにはこの対照的なエサが必要だろう。

　時期にもよるが、ダンゴ類（練りエサ）で当たらない時は、意外に殻付きエビが有効。確かな理由は分からないが、ダンゴにはないエビ本来の匂いが効果的なのかもしれない。あるいは加工エサよりも自然な形のエサがアピールするのかもしれない。殻付エビはKAZUも愛用して毎回使っている。

　ホタルイカもマダイの大好物。イカ独特の生臭さ、目や体の光り方（発光体）が水中では目立つのかもしれない。生エサ

上2つはダンゴエサ。左がノーマルカラー、右は黄色。下左から黄色に着色したアマエビとササミ、市販エサのムキエビ

カラーでないためわかりにくいがピンクとイエローの2色をこね合わせて色に変化を出したダンゴエサ

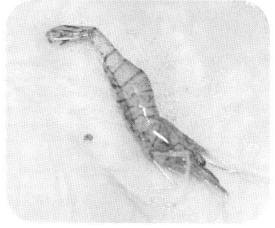

シラサエビはマダイねらいには欠かせないエサの1つ

の場合は、加工されたササミ・ムキエビ等とは対照的なものを3〜4種類持って行くのがよいだろう。ダンゴと同じく、色と匂いは重要な要素だ。

活きエサ

　これだけあればもう充分だろうと思いがちだが、釣果を上げるには活きエサを使うのも1つのポイント。春先と秋口、自然の海では「乗っ込みマダイ」「落ちの荒食い」という言葉がある。前者はタイが産卵のために深場から浅瀬へ上がってくる時（春）、後者は秋を迎えるとタイは深場を意識するようになり、いずれの時期もエサを積極的に捕食する。そして本能というべきか、目の前で動く虫エサを必ず口にする。したがってこれらの季節は固形エサよりも活きエサのほうがよく当たるケースが目立つ。

　甲殻類はタイの大好物＝シラサエビは外せないエサの1つ。アオイソメなども同じだが、虫エサは種類が多く1〜2種類に絞るとよいだろう。

　結論として、マダイだけでも7〜8種類のエサを用意することが釣果を伸ばすうえで必要になる。実際に1日のエサのローテーションを見てもこのくらいは必要だろう。そして、エサのローテーションも大切だが、エサや魚の特徴をよく知っておくことも釣果アップの1つの道だ。数あるエサを一度は試して少しずつでも特徴をつかんでいこう。

代表的なターゲットのエサ
青もの

魚食性（小魚類を食べる肉食性）のある青もの・回遊魚には、マダイとは性質の異なるエサが求められる

　ビッグな青ものを釣りたい、海上釣り堀ではそんな夢も遠くはない。何しろマスの中には普段お目にかかれないブリ・カンパチ・ヒラマサといった大ものがわんさといるのだから。そんな魚たちと一度はファイトして1尾は釣りたい、お土産に持って帰りたい。

　マダイ釣りではモーニングラッシュのように1投目から当たってくることもあるが、青ものは少し違った感じでアタリが頻発する独特の時合がある。もちろん朝イチに全く釣れないこともないのだが、海上釣り堀ではまず「朝イチはタイを釣る」というイメージがある。

　青ものは決まった時間に放流されることが多い。その時にしっかりと釣ることが大切なのだ。釣り場によっては1日に青ものだけを2〜3回放流してくれることもあるので、タイミングを逃さないようにしよう。

　また、マダイと違って魚体が大きいだけに、ファイト時にハリス切れや、下手をするとサオが折れる人もいるので要注意。

　青もの放流タイムになると、養殖イケスからスタッフがタモですくって放流してくれる。魚たちは当然腹を空かせており、小さなイケスから大きなマスに放流されると一気に活性化して走り出す。この時、マスの中に残っていた青ものもつられて同じように走り回る。そして青もの特有の習性で群れを形成する（特にメジロ・ブリ・ヒラマサ）。その時が青ものの釣りの時合到来である。

　放流少し前には「あと少しで青もの放流します」などのアナウンスが流れる。それを合図に、足元にすぐ使えるように3種類ほどの生エサ・活きエサを用意しておこう。

活きアジは文字どおり「活きのよさ」が命。活性化した青ものに強くアピールする。エサ付けの際には弱らせないように注意

活きエサ

　青もの釣りの定番、活きアジ。放流時には一番のおすすめだ。青ものは小魚を追いかける習性があるので腹を空かせている時には絶好のエサになる。活きアジも必死で逃げ回るので、それが一段と青ものの捕食行動を活性化させる。

　活きアジは当然元気なほうがよい。エサ付けの際は水面から上げる時間を極力短くして、アジカゴからすくってハリに掛けたら水中にすぐ浸けておくことが大切。

　そして「あれ？　アタリがない。おかしいな」と思ったら、すぐにエサのローテーションが必要。活性化している青ものは捕食態勢にあることをお忘れなく。活きアジでだめなら、生エサ。というわけで、最低でも次の3種類が必要になってくる。

冷凍・生エサ3種。左=イワシ、右=キビナゴ、下=ソウダガツオ

大小各サイズあるイワシ。小さなものはキビナゴと同じく1尾掛けにする

ソウダガツオ（上）とイワシ（下）の切り身エサ。大きな青ものにはより大きなエサでアピールするのも手

生エサ

　青ものでも、時期や潮によっては全く活きアジ（他にアユ、アマゴなど）などの生きた小魚を食わないことがある。そんな時には生エサが有効。写真でも分かるように、キビナゴ1つとっても活きアジとは形が違えば色も違う。キビナゴは魚体がキラキラ光るので青ものを誘いやすいのかもしれない。ハリに刺す時は必ず1尾掛けにする。

　イワシは冷凍ものでも大きさに幅がある。小型はキビナゴのように1尾掛けで、25cmほどもある大羽は少しカットして切り身で使うのもよい。

　カツオ（ソウダガツオ）は、最近よく使っている人を目にする。KAZUも必ず

エサの工夫で青ものを爆釣しよう！

持って行くエサの1つ。切り身にして少し大きいかなと思うくらいがベスト。青ものは魚体も口も大きく、少々のエサなら丸呑みする。魚にアピールするためにも「エサは少し大きめ」と覚えておこう。

ソウダガツオには、少しイワシなどとは違った独特の生臭さがある。

生エサにはこのように1つ1つ違った特徴がある。活きアジがダメならすぐに生エサにローテーションして、当たりエサを捜そう。

KAZU ワンポイント
青もの、ここがマダイ釣りと違うところ

「放流時の時合を逃さない」「エサを上手に使い分ける」この2点に気をつければ必ず青ものをゲットできるだろう。

青もの用のエサはほかにもたくさんある。1つには魚種によっても好むエサが違ってくることがある。同じ青ものでも底層にいるカンパチはなかなか曲者。メジロ・ブリの当たりエサでは食ってこないことも。カンパチはメジロ・ブリよりもどう猛かつ敏感。中層で走り回っているメジロ・ブリとは一緒に回遊しない単独行動の魚。カンパチを釣りたい方は底層ねらいと覚えておこう。そしてエサの活きアジも少し大きめ。アマゴのような、少し色の違った小魚もおすすめだ。何しろどう猛なので変わったモノにはすぐに反応する。ということは生エサも同じく少し大きめに。

同じ青ものでも魚種が変わればエサもその大きさも変わる。こうしたことを少し考えてエサを揃えてみるのも釣果アップにつながる。

アワセのタイミングと強さのコツ
サオをあおってイトを張り魚の口にハリを掛ける

アワセのタイミングとその後のやり取りは釣果に直結する技術だ

　魚がエサをくわえるとウキに反応が出る。その時、釣り人がサオをあおって魚の口にハリ掛かりさせることをアワセ（合わせる）という。

　魚がエサを食っていない時、ウキはごく自然体な状態（図①）。魚がエサに興味を示してつつき出すと図②のようなコツコツの時はエサをくわえたり、放したりの時なので、ウキが水面で出たり入ったりするアタリが出る。この時合わせると、それがタイがエサを離した瞬間なら当然然掛からない。

　アワセのタイミングは図③のように、ウキが水中に全部入ってから合わせるのが一番安心。せっかくマダイがエサを食べているのに、早アワセでエサばかり取られる。そんなケースも多いので、自分のウキからは目を離さず、反応が出たら、しっかり水中に入るのを確認して合わせよう。

　次にアワセの度合い（大きさ）だが、仕掛け投入後、エサからウキまでの間はほぼ真っすぐ下に伸びている。そしてウキからサオ先まではイトがたるみ図④のようになっている。

　アワセの時、このイトのたるみ加減が重要。よく見る光景は、ウキが水中に入っているのに合わせても魚が上がってこないケース。図⑤のように、上げた時、元の位置からサオ先を上げたところまでの距離がＡmだったとする。ところがイトのたるみがその2倍もあると、どんなに大きな動作で合わせてもイトが張ることなく、その結果、魚の口にハリ掛かりさせることはできない。

　エサがタナに届いてウキが立ったら、いつアタリがきてウキが消し込んでも合わせられるように、ウキからサオ先までのイトフケを少なめにしておこう。ただし、張りすぎた状態にすると違和感で魚がすぐにエサを離したり、合わせた瞬間に魚とサオとの引っ張り合いになるのでイトが切れてしまうことが多い。

　イトはたるませすぎず、張りすぎずと覚えておこう。

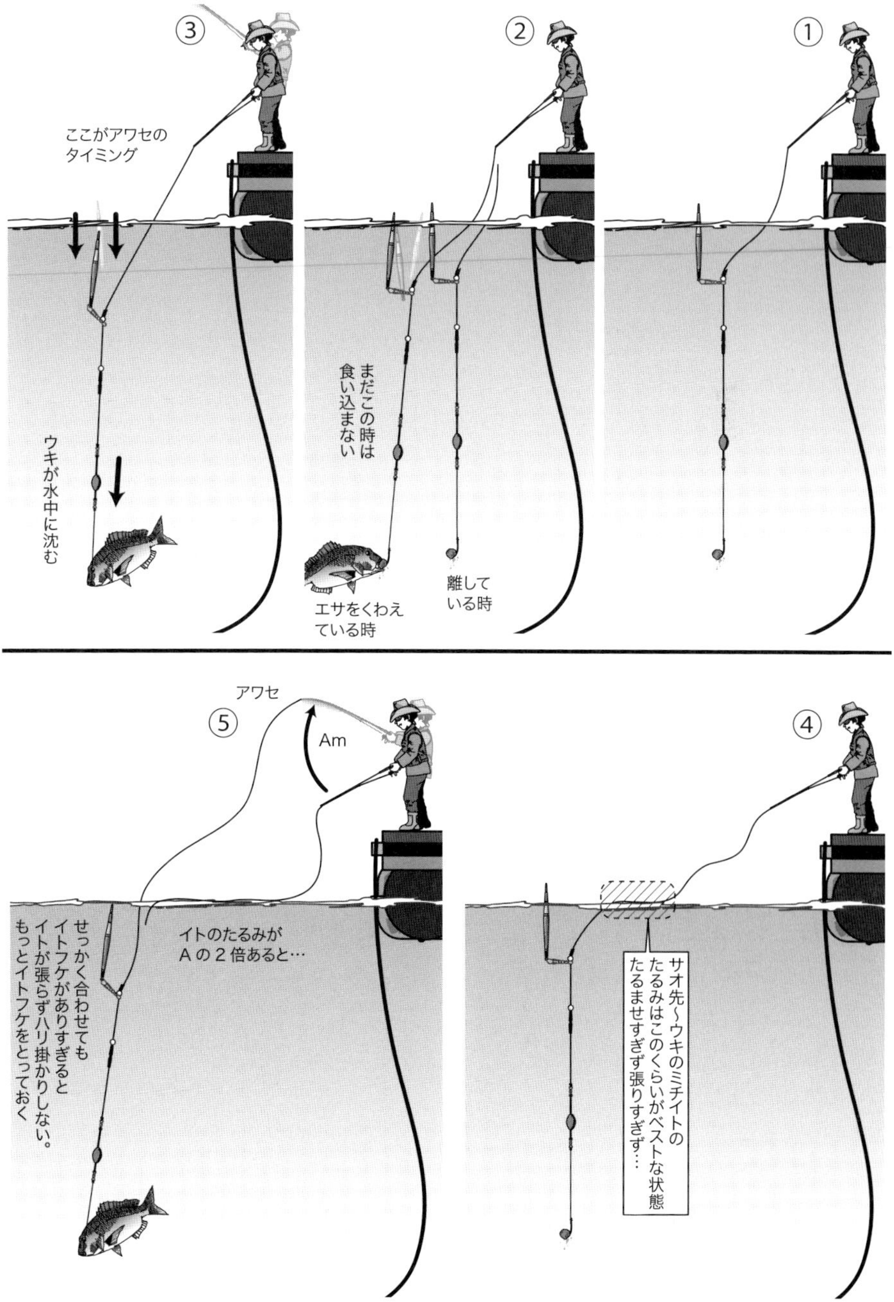
①
②
まだこの時は食い込まない
離している時
エサをくわえている時
③
ここがアワセのタイミング
ウキが水中に沈む
④
サオ先～ウキのミチイトのたるみはこのくらいがベストな状態
たるませすぎず張りすぎず…
⑵
アワセ
Am
イトのたるみがAの２倍あると…
せっかく合わせてもイトフケがありすぎるとイトが張らずハリ掛かりしない。
もっとイトフケをとっておく

KAZU 激アツ・アドバイス
モーニングラッシュとは

モーニングラッシュでマダイをたくさんゲット！

　海上釣り堀では「モーニングラッシュ」という言葉がある。要は朝一番のサービスタイムのことだ。お客さんが帰った後、マスの中の魚はその日エサをもらえない。そして釣り掘側では翌日用に魚を補充し、釣れすぎたマスにはより多くの魚種や、多めにマダイを仕込む（放流する）ところも少なくない。朝イチから数多くのサオが曲がっていると、お客さんも店側も気分がいいものだ。この仕込みによる朝一番の爆釣タイムが「モーニングラッシュ」と呼ばれている。

　居残りのタイ、新しく補充されたタイ、それらがスタート時から一斉に食ってきてものすごい歓声が上がる。あっちのマスで「来た〜！」、こっちのマスでも「タイ〜!!」。お客さんは歓喜のパニック状態だ。

　この、一日で一番魚の活性が高い時に手返しよくマダイを何尾釣るかが釣果を左右する。

　そのためには本章の最初に記したように、エサの準備、魚をすぐにすくえるようにタモの位置等、開始までの準備の大切さが改めて分かっていただけるだろう。

　モーニングラッシュは20〜40分が目安。1投目からウキがスーッと海中に消し込むことが多く、確実に合わせてハリ掛かりさせたい。そして魚を無理に上げようとするのは危険。マダイは青ものに比べれば小さいが海の王様、その引きは素晴らしく、必死で逃げようとするので、力任せに引っ張ると簡単にハリス切れを起こす。1尾をバラすと周りの魚も同じエサを警戒するので確実なやり取りが求められる。

　逆に、数尾が活性化するとほかのマダイも我先にとエサのある所に固まりだす。この時こそ数をゲットする最大のチャンス。バラシ（ハリス切れ）等のトラブルのない釣り方を身につけておけば、モーニングラッシュを思う存分楽しめるだろう。

【モーニングラッシュで数多く釣る方法】
①エサ・ハリス（取り替え用）・ペンチ・タモ・手ふきなど必要なものを手の届く範囲に置く。
②魚を掛けたら隣とのオマツリ（仕掛けが絡み合うこと）に注意してサオで誘導する。
③掛けたマダイが浮いてきたら、タモ入れはなるべく自分で行なう。

3章

続・初級編①
マダイをねらってみよう

海上釣り堀といえばまずは「マダイ！」。
誰もが知っている海の王様、ナンバーワンのメジャーターゲットを
確実に・たくさん・楽しく釣るための第一歩をここでマスターしよう

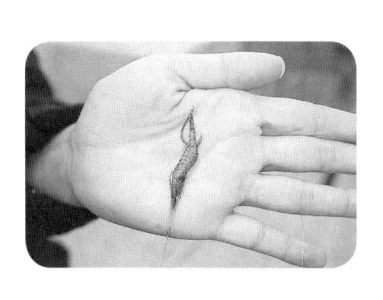

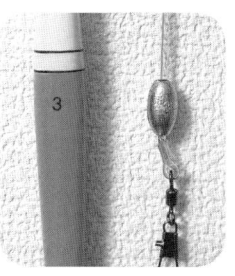

基本の仕掛け調整
パーツの役割を知っておこう

大ものを掛けた時こそ適正なドラグ調整が威力を発揮する

リールのドラグ調整

　まずはタックルから。せっかく魚を掛けたのに、バラしてしまっては悔しさだけが手元に残る。バラシで一番多い原因はハリス切れだ。釣りイトは号数に応じた強度をもっているが、それ以上の力が加わると当然切れてしまう。そしてジワジワとかかる力よりも突然引っ張られるほうが切れやすい。また、ハリスは同じ号数でも短くなるほど力を分散できる部分が少なくなり切れやすくなるということも覚えておこう。

　ハリス切れを防ぐために一番重要なのは、リールのドラグ調整をきちんと行なうこと。海上釣り堀で使用するスピニングリールには、一定以上の力が加わるとスプールが滑り出してイトを排出し、イト切れを防ぐドラグと呼ばれる機能が付いている。ドラグは釣り人が強弱を調整できるようになっており、釣り場の状況や対象魚によってあらかじめ最適な状態にしておく必要がある。ドラグを緩めすぎるとわずかな力でもイトがズルズルと出てしまい、逆に締めすぎると全くイトが出ない（この状態で魚を掛けるとイト切れ必至）。

　具体的なドラグ調整の方法は、まずリールの近くで指3本にイトを巻きつけて引っ張り、少し指が痛いかなと感じるあたりでドラグが利き出すようにしておく。そこから先は釣り場での調整になる。マダイを1尾掛けた時、やり取りの途中でイトが簡単に出すぎるようなら少し締める。万が一ハリス切れを起こしてしまった場合は当然ドラグを緩めにする。

仕掛けパーツの役割と調整

●ウキ止メ―タナを固定する

　魚を掛けるまではドラグ調整以上に一

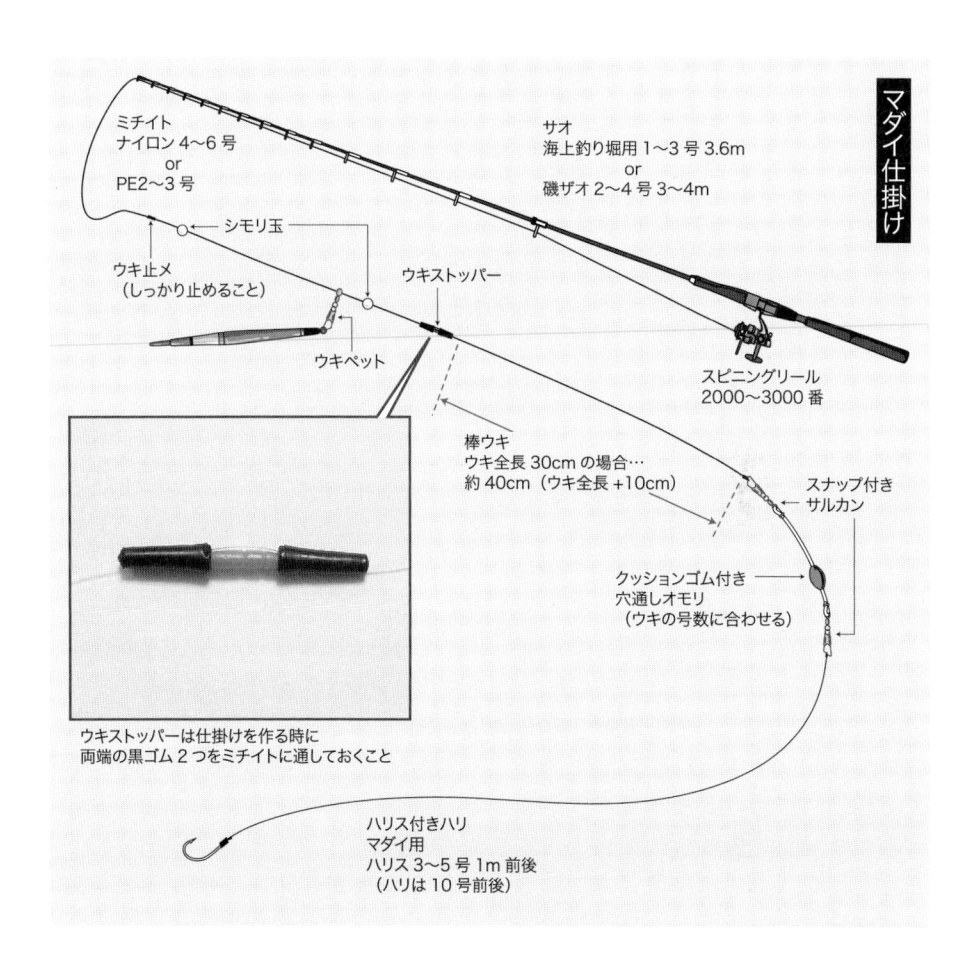

マダイ仕掛け

ミチイト
ナイロン4〜6号
or
PE2〜3号

サオ
海上釣り堀用 1〜3号 3.6m
or
磯ザオ 2〜4号 3〜4m

シモリ玉

ウキ止メ
（しっかり止めること）

ウキストッパー

ウキペット

スピニングリール
2000〜3000番

棒ウキ
ウキ全長 30cm の場合…
約 40cm（ウキ全長 +10cm）

スナップ付き
サルカン

クッションゴム付き
穴通しオモリ
（ウキの号数に合わせる）

ウキストッパーは仕掛けを作る時に
両端の黒ゴム2つをミチイトに通しておくこと

ハリス付きハリ
マダイ用
ハリス3〜5号 1m前後
（ハリは10号前後）

スピニングリールの前面にある大きなつまみを
左右に動かしてドラグ調整を行なう

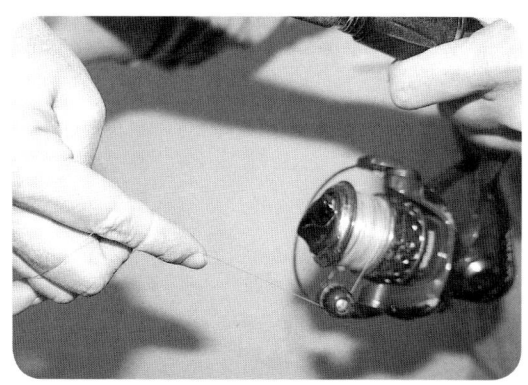

こんな感じでイトを引っ張ってみる（指を怪我しないように注意）

57

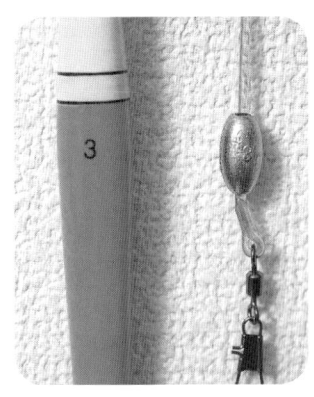

棒ウキとクッションゴム付きオモリは同じ号数のものを組み合わせるのが基本

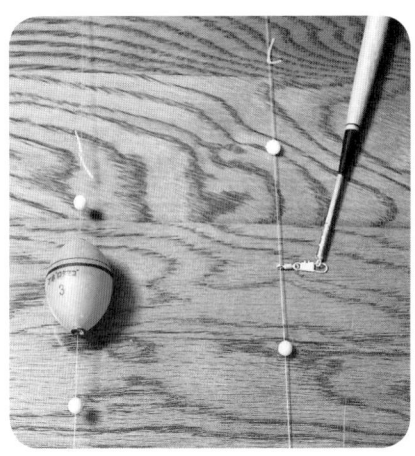

ウキ周りの各パーツ。右は海上釣り堀のスタンダードな棒ウキ仕掛け。左はちょっとマニアックな円錐中通しウキ仕掛け。それぞれ、一番上にウキ止メを結び、シモリ玉、ウキペット（棒ウキ仕掛け。円錐中通しウキの場合はウキ）、シモリ玉を通す

番重要なのがこのウキ止メだ。海上釣り堀ではウキ釣り仕掛けが基本。ということは、一度設定したタナが知らない間にズレてしまっては大変困る。

　釣り場で投入された仕掛けはオモリの重さで水中に沈んでいく。この時ミチイトはウキの足元の接続具の中を滑り落ちていくが、ウキ止メがあることで一定のタナで止まるようになっている。つまり、ウキ止メとはタナを固定するためのとても大切な役割を果たすパーツなのだ。

　ところがこの部分をしっかり固定しておかないと、釣りの最中にウキ止メが動いてタナがズレてしまうことがある。このことに気がつかないで釣りを続けていると、1尾釣れたのに2尾目がこなかったり、突然アタリが遠くなってしまう。糸タイプのウキ止メの場合は、P25の結び図を参考にしっかりと固定すること。ビギナーの方の場合は結びの上手下手で差が出る糸よりも、誰でも簡単にセットできて動きにくいゴムタイプのほうがよいかもしれない。

●シモリ玉―ウキの通り抜け防止

　小さな中通しの玉ウキのことをシモリ玉と呼ぶ。これをウキの上下に通しておくことで、上側はウキがウキ止メを通り抜けるのを防止する。下側は絡み防止とクッションの役割を兼ねている。また、ウキ交換を前提とする場合はウキの環に直接ミチイトを通すのではなく、必ずウキペットを入れておくこと。ウキを交換しないタイプ（中通し円錐ウキなど）の場合にはウキペットは不要だが、シモリ玉は必ず入れること。また、シモリ玉とウキペットはミチイトの号数で適正なサイズが変わるので注意しよう。

●ウキストッパー（からまん棒）
　―棒ウキのハリス絡み防止

　海上釣り堀でも最近よく使われる棒ウキ仕掛けの必需品。長いウキを使う時、このパーツがないとウキがクッションオモリのすぐ上にきてしまうので、下の長いハリスとウキが絡んでしまうことがよくある。それを防止するため、ウキがハリスのところまで落ちてこないように固定するパーツがウキストッパーだ。上側のウキ止メと

タックルと仕掛けの調整をきっちりしておけば誰でも1日楽しく遊べる

まぎらわしいので、製品名だが釣り人の間で代名詞的によく使われている「からまん棒」のほうが分かりやすいかもしれない。

セットの方法だが、P57図のように使うウキの長さが30cmの場合、クッション付きオモリの接続具部分から約40cm上辺りでウキストッパーを固定する（ウキの長さ＋約10cm前後）。

これでサオを立てた時にウキがハリスまで届かないので、ハリスとウキが絡むトラブルを防止できる。釣りをするうえでは直接関係ないが、つまらないトラブルで貴重な時間を失うことを考えると、極力付けたほうがよい。

● クッションゴム付きオモリ
　―ウキと同じ号数を選ぶ

これは3号のクッションオモリに対して3号のウキというように、ウキの号数に合ったものを付けるのが基本。ただし付けるエサによってはエサの重みでウキが沈んでしまうこともあるので、号数別に少し持っておくほうがよいだろう。クッションゴムは、狭いマスの中で大ものとやり取りをするためには欠かせないパーツだ。

● ハリ―　魚との唯一の接点

ここまで準備ができたら、あとはハリス（ハリ・ハリスセット）をクッションオモリに取り付けるだけ。基本となる号数だが、最初はハリの号数よりもハリスの号数を目安にするほうがよいだろう。特に朝イチのモーニングラッシュ時は魚の活性がよく、ハリスが少々太くても食ってくる。この時はハリスが5号くらいでもOK。1日のトータルで見れば、3～5号のバリエーションを持参するようにしたい。

タナ取り

水深を測る→タナを設定する

基本のタナ取り

　タナはしっかりと正確に測ること。タナが違っていると、エサが魚の層に入らないのでアタリが出ないことが多い。

　手順はまず、タナ取りをセット（ハリにタナ取りを掛ける）して底までの深さを測る。仕掛けを投入してリールのベールをオープンにするとイトが出ていく。タナ取りが底に着くとイトの出が止まるので、ベールを起こしてイトを張った状態でサオ先を水面まで持っていく（この時あまり前後左右にサオ先を動かすと底網の深さが変化して水深が変わるので注意）。この位置がマスの深さなので、サオを寄せてウキ止メをその位置に移動する。

　次に、水中でエサが底から50cmほど上の位置（タナ）にくるようにウキ止メを再度移動（下げる）する。そしてもう一度タナ取りを付けて仕掛けを投入。この時仕掛けを横から見ると、ウキ止メを下げた分ウキが沈んで右頁上の図①のようになっている。この程度なら水中のウキを視認できるので、どのくらい沈んでいるのかチェック。

　最後に、タナ取りを外して仕掛けを入れるとウキはちょうど水面の位置＝図②になる。これが基本のタナ取りだ。

モーニングラッシュのタナ取り

　モーニングラッシュのタナはあらかじめ

タナがバッチリ合えばご覧のとおり

用意の段階でスタッフが教えてくれるが、釣り座によってネットの浮き沈みがあるので、タナ取りで自分のポイントをしっかり測ろう。朝イチは魚の活性が高く、前日から腹を空かせているマダイたちはエサが落ちて来るのを待っている。そのため食い気が立っているので、朝はマダイがベタ底にいるという考えは捨てるべき！

　基本は底から2mくらい上のタナがモーニングラッシュの当たりダナ。この時もう1つ大事なことは釣り場の水深で、平均すると10mくらいの所が多い。しかし、所によっては6m前後という浅い水深の釣り場もあり、この場合はさすがに活性が上がっても底付近で当たってくるはずだ。

　平均水深10mの釣り場では、食いが立つとタナがさらに上ずることがある。数が連発してきたら、様子をみながらタナを50cm～1m上に上げてみるのも1つのコツだ。

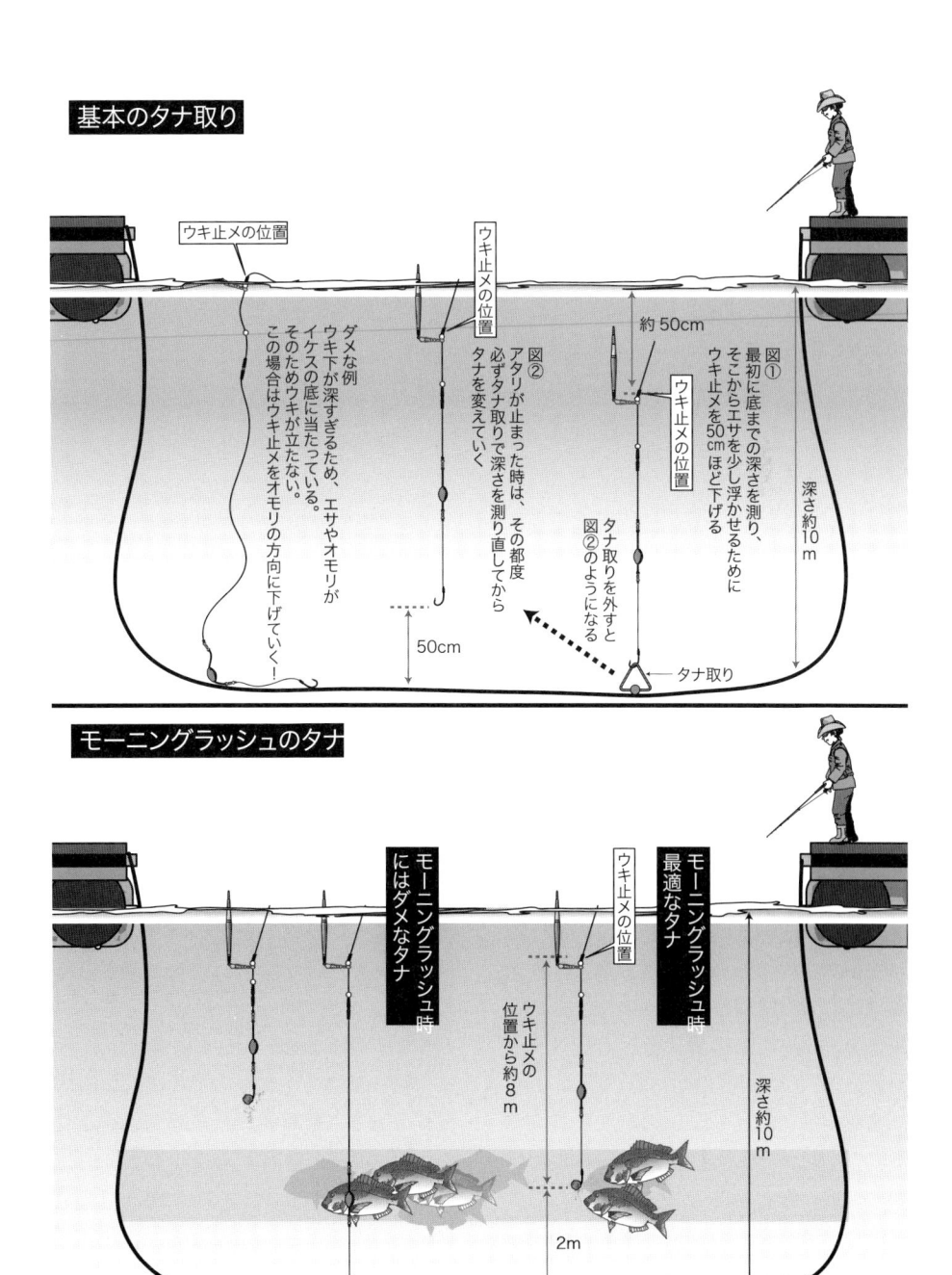

基本のタナ取り

図①
最初に底までの深さを測り、そこからエサを少し浮かせるためにウキ止メを50cmほど下げる

ウキ止メの位置

約50cm

タナ取りを外すと図②のようになる

図②
アタリが止まった時は、その都度必ずタナ取りで深さを測り直してからタナを変えていく

ダメな例
ウキ下が深すぎるため、エサやオモリがイケスの底に当たっている。そのためウキが立たない。この場合はウキ止メをオモリの方向に下げていく！

ウキ止メの位置

50cm

タナ取り

深さ約10m

モーニングラッシュのタナ

モーニングラッシュ時にはダメなタナ

モーニングラッシュ時最適なタナ

ウキ止メの位置

ウキ止メの位置から約8m

2m

深さ約10m

61

モーニングラッシュの後どうする？
①エサのローテーション

モーニングラッシュは1日のほんのひととき。問題はこの後だ

　スタートから30分前後たつとマダイのモーニングラッシュはピタリと止まる。今までどこのサオも曲がっていたのが一斉に静かになる。
　ラッシュ時にかなりの数が釣られてマスの中の魚は減っている。残った魚はハリを逃れてちゃっかりエサだけ食べたタイもいて、おなかも満腹＆一段落。
　こうなると特にビギナーの方は「もう釣れないの？」と思いがち。そして次の放流までには少し時間がある。しかしここで簡単にあきらめず、その間にどうしたらマダイが食ってくるのか可能性を探ってみよう。
　まず一番に考えられるのは、モーニングラッシュのタナにまだ食い気のある魚がいるかもしれないので、それをねらってエサのローテーション。次に、空腹が満たされて底に潜ったかもしれないと読んでタナを調整してみる。

ほかにもネット際から真ん中の深みや、底層のネットのたるみにタイが潜んでいるかもしれないので、ポイント（投げる場所）を少し変えてみる（この時、釣り座移動は厳禁）、などだ。

エサのローテーションで現状突破！

　さらに、エサのローテーションに変化を加えていく。モーニングラッシュ時は3種類程度のエサのローテーションで釣るのが主流。朝イチのアタリが止まったら、今まで使っていたそれらのエサは少し横に置いておき、対照的な生エサや活きエサを登場させてみる。
　落ち着いてしまったマダイはさっきまで目にしていたエサには興味を示さないことが多い。そんな時は活きエサにスイッチして、クネクネと動くゴカイ（アオイソメ）

などの虫エサをローテーションに加えるのも1つのポイント。目先を変えるとタイも興味を示して一度は口を使う可能性が高い。アタリの大小は別にして、何らかの変化が出やすくなる。

それでも1〜2投でアタリがなければ頭を切り替えて素早く次のローテーション。虫エサも無視？　ならばタイの大好物、甲殻類・カニなんてどう？

こんなふうにして対照的なエサをどんどん投入していくのがモーニングラッシュ後の効果的なローテーションだ。

活きエサ、生エサをコラボさせながら一通りのエサをそのタナで使い分け、どこかでまたモーニングラッシュの当たりエサに戻してみるのも1つのコツ。手持ちのエサを効果的な組み合わせを考えて試し、どのエサでアタリが出るのかを知ることが大切だ。途中で少しでも反応があれば、魚はそのエサに興味を示しているということをお忘れなく。

養殖魚が普段から食べ慣れているエサといえばダンゴ類だが、これも色を変える、2色の色違いを合わせてみるなど、ちょっとした創意工夫が次の1尾につながる。

海上釣り堀では1日の始まりから最後まで、エサのローテーションが釣果を左右する要因になる。アタリが止まったからといってそこであきらめず、常にエサを変化させていくことを意識して、どんどんエサを使い分けていこう。

KAZU ワンポイント
モーニングラッシュ後のエサのローテーション例

KAZUがモーニングラッシュ後、まず第一に使うエサはやはりマダイの大好物・甲殻類。シラサエビ・冷凍殻付きエビ・ボケなどから使っていく。どんな魚であれ、興味を持たせるには本来の大好物を目の前にちらつかせるのが一番。そして同じ甲殻類でも、形や匂いが変わると食ってくることが多いものだ。

1. シラサエビ
2. ウタセエビの着色＆アミノ酸漬け
3. ボケ
4. サワガニ

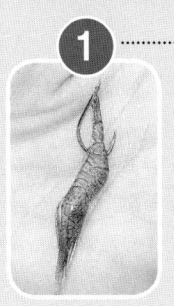

モーニングラッシュの後どうする？
②タナの調整

モーニングラッシュのあわただしい一時が終わったら、友人同士でタナやエサの情報交換をしながら次の1尾のヒントを探るのも楽しい

　エサのローテーションでも食ってこない。となれば、次に試すのはタナだ。
　魚の活性が止まると1ヵ所に固まっていたマダイも一度散る。それでどこに行くのかというと、これがけっこうバラバラ。当然のように元どおり底に潜ってしまうもの。ネットの際で身を潜めるもの。なかには青ものと同じように中層あたりで泳ぐものもいる。
　そこでタナの調整をして魚のいる魚のいる層にエサを持って行く。モーニングラッシュで海中がばたばたとあわただしくなった後は、意外に底層やネット際近くにマダイが沈むことが多い。ということはつまり、モーニングラッシュが終わったら再度仕切り直し。
　そこでタナ取りからもう一度スタートしてみる。モーニングラッシュで底から2m前後に設定していたタナを、次は基本のタナに戻すのだ。タナ取りでまず水深を測り直し、今度は底から50cmのタナにしてエサをローテーションしていく。一通りのローテーションでアタリがなければ、約50cmずつタナを上げていき再度エサのローテーションを行なう。
　さらに反応がない場合はどうするかというと、再々度水深を測り直してタナを取っていく。その理由は、海上釣り掘りの底は固定化された地面ではなく、ネット。潮の利き具合などでこれが動くため、知らない間に水深が変わっていたりするからなのだ。KAZUもアタリがない時は頻繁に水深を測り直しタナを再設定している。
　そして魚も同じタナばかりでエサを食うとは限らない。アタリが止まった時点でタナ取り＆エサのローテーション。海上釣り堀の3大要素の中の2つがここに入っている。タナ取りはそれほど釣果を分ける大切な要素なのだ。

釣果が続くと笑顔も続く。自分なりの工夫を重ねて1日を楽しく過ごそう

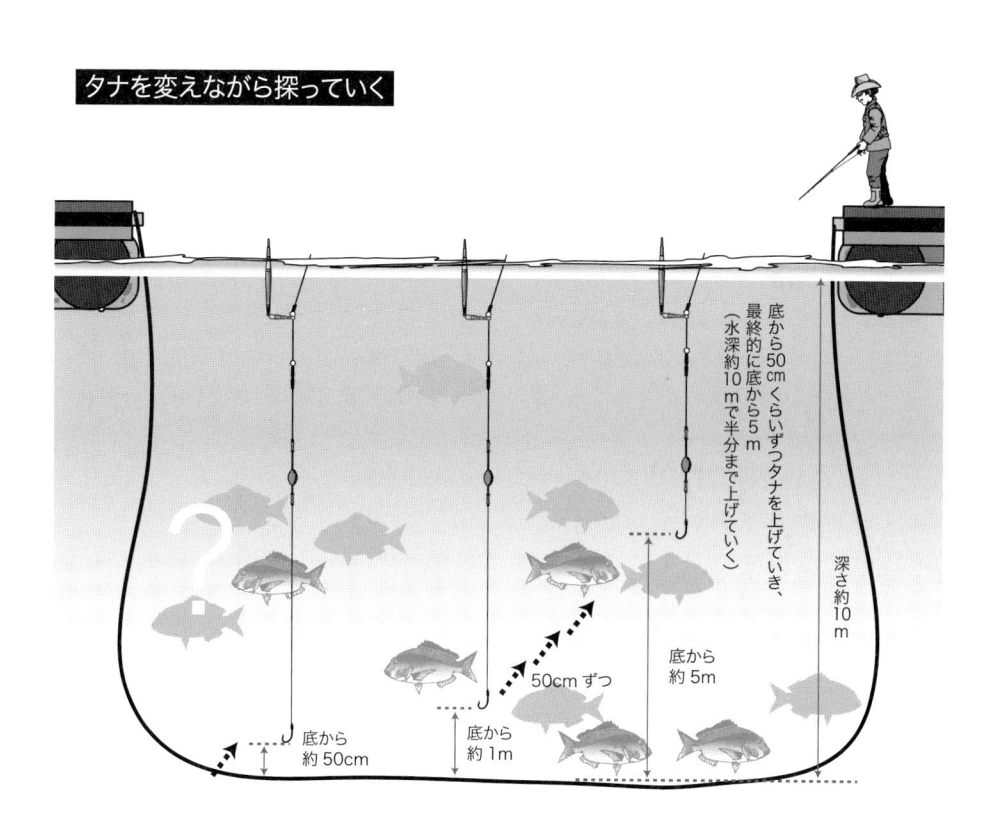

タナを変えながら探っていく

底から50cmくらいずつタナを上げていき、最終的に底から5m
（水深約10mで半分まで上げていく）

底から約5m

50cmずつ

底から約1m

底から約50cm

深さ約10m

モーニングラッシュの後どうする？
③投げる場所を少し変えてみる

落ち着いた時間帯にこそヒントを捜し続けたい。釣り場を回っているスタッフに何か聞いてみるのもいいだろう

　海上釣り堀では貸し切り以外、基本的に釣り座移動は禁止。しかし両隣や正面前方の人に邪魔にならない範囲でポイントを捜すのは1つの方法だ。ただし、隣の人たちが仕掛けを降ろしているすぐ近くに投入するのはNG。1つのマスには数十人のお客さんがいたりするので、決してトラブルを起こしたりしないように、ウキがない水面を見つけてを探りを入れよう。相手のウキにちょっと近いかな……と思った時は、仕掛けを投入する前に声をかけるなどしてコミュニケーションをとってから行動しよう。

　図の中で、モーニングラッシュを①で釣った時、アタリが止まったら②のように真ん中付近の深みを探るのもよいだろう。海上釣り堀のマスは、真ん中に近づくほどネットが多少なりとも深くなっているので、その際にはタナ取りを付けて②の深さを測ることをお忘れなく。

　また、③のようにネットの落ち込み口（ネットのたわみ）等を探ってみるのもよいだろう。

　④のようなネットの際、こういった所にもマダイは身を潜めている。どの位置に仕掛けを投げるにしても、タナ取りで一度その深さを測ってみるのは同じ。②と④では深さもかなり違う。スタッフから教えてもらった水深を鵜呑みにせず、ねらう場所の深さを実際に自分で確認して把握することが大切だ。

　マスの中といえども広さはそれなりにある海上釣り堀。足元から真ん中あたりまでを順番にコツコツと探ってみるのも楽しい。

　最後に、繰り返しになるが決して隣同士で邪魔にならないような釣り方をするのが1日を楽しく過ごすためのコツだ。

マスの中には魚がたくさん入っている。ということは、当然足元にもいる可能性が大

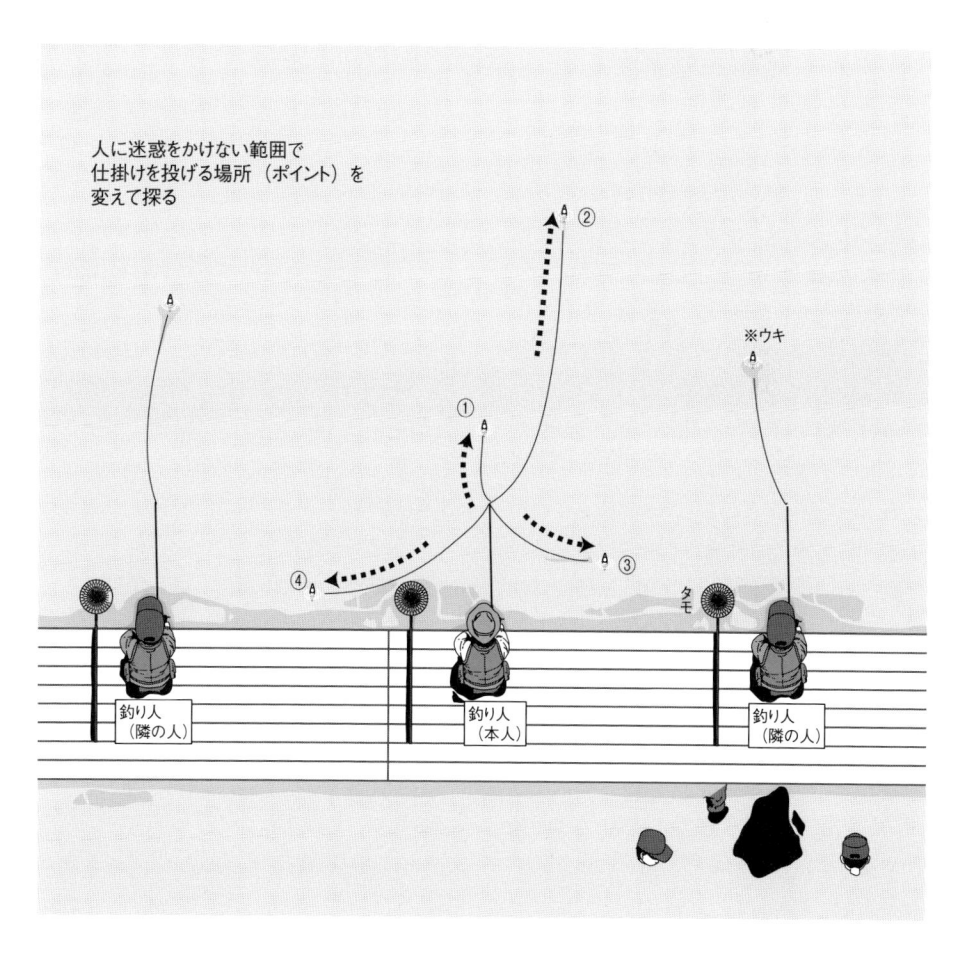

人に迷惑をかけない範囲で仕掛けを投げる場所（ポイント）を変えて探る

※ウキ

タモ

釣り人
（隣の人）

釣り人
（本人）

釣り人
（隣の人）

KAZU まとめ
マダイの魅力と意外性

自分の釣りを組み立てていく楽しさ

　海上釣り堀ならではのマダイ釣りについて、だいぶ理解していただけたと思う。何も難しく考える必要はない。「タイを釣りたい！　釣ってみたい」という気持ちがあればOKだ。

　釣りの経験があってもマダイを釣ったことはない方も多いと思う。遠くに感じていたマダイ釣りがこんなにも身近にある。それが"SEA HAKO FISHING"＝海上釣り堀ならではの魅力。

　釣り場でモーニングラッシュを一度味わえば、もう誰もが海上釣り堀のトリコになっているはず。食卓のタイを食べるだけから、仕掛けやエサを用意して実際に釣ってみて（それも、気軽に）、自分で釣った魚を味わってみると、トータルで楽しさが何倍も違ってくること間違いなし！　こんなNEW STYLEの釣りもいかがだろうか？

　マダイは海上釣り堀のメインターゲット。したがってこの釣りをマスターすることが海上釣り堀の魅力を堪能するための第一歩になる。モーニングラッシュではウソのように簡単に釣れるマダイも、工夫を凝らしていくと底知れない深さがある。1尾でも数多く釣りたいという気持ちがあるなら、繰り返しになるが以下の3大要素を身に付けることが必要。

①釣り座のくじ……は運任せだが、釣り座を決める「目」を少しずつ養っていこう。
②エサの選択＆ローテーション。
③タナ取り。

　エサのローテーションは釣り人によってもそれぞれ考え方が違う。ということは、皆が自分に合ったローテーションを作って楽しむことができるということだ。アタリが止まった時のタナの調整にも同じことがいえる。

　これらを自分なりに作り上げていくのが、マダイ釣りの魅力であり面白さといえる。

KAZUも仰天したエサとは

　季節にもよるがマダイは生魚の切り身を好むことがある。そんな時には冷凍のキビナゴやイワシを切り身（小さめ）にしてローテーションに加えるといい。意外なエサに反応するその食性は、それだけ工夫のし甲斐があって釣りを面白くしてくれる。

　KAZUが海上釣り堀の釣りを始めた当初、驚かされたことがある。ある時、隣で入れ食いモードになっている年配の方がいた。さっそく当たりエサを聞くと何とこれがビックリ、プチトマトにミカン！

　……うそやろ？

　あり得ないものを見てしばし呆然としてしまった。こんな想定外・番外編のようなことも実際に起きてしまうのが海上釣り堀。常識にとらわれない発想でいろいろと試してみるもの楽しい。

　マダイ釣りの「ナゾ」を探っていくと、知らなかった部分がたくさん見えてくる。自分なりの視点でどんどんマダイ釣りを楽しもう。

4章

続・初級編②
青ものをねらってみよう

魚体の大きさと引きの強さ、食べてももちろん美味しく、
釣り人の心をわしづかみにする青もの。憧れのターゲットも
しっかりと準備をして臨めばきっとモノにできる。
そのためのポイントを大公開

基本の仕掛け調整
青ものの強い引きに対応

一度でもその引きを味わえば病み付き間違いなし！

　海上釣り堀ならではの最大の魅力。それはビッグサイズの青ものとの格闘。一度経験すると病み付きになってしまうのが青もの釣り。お客さんも当然「青ものを釣ってみたい！」という気持ちでやってくるのだが、これがまた少し難しい。

　掛けたまではよいのだが、興奮しすぎて青もの釣りの基本を忘れてしまい、ハリス切れ等のトラブルで魚を逃してしまうシーンをよく見かける。「逃した魚は大きい」というように、そうなると次に食って来るまでの時間を「しまった〜……」という気持ちを抱えて過ごさなくてはいけない。掛けた魚をタモ入れするまでは、決して気を抜かず、基本を忘れずが大事。

　前にも記したが青ものは群れをなす魚。そして1尾掛かると走り回るその後ろには、必ずほかのメジロやブリが付いてくる。活性が高く我先にと食った青ものなので、ほかの魚も一気に食い気が立っているのだ。

　この時、初めに掛かった1尾をバラシ（ハリス切れ）てしまうと、その魚は警戒して底に潜ってしまう。ということは、当然その後ろについている青ものも底に潜ってしまうということなのだ。

　海上釣り堀では青ものが掛かった時、「青で〜す」と声が飛び交う。後ほど詳しく記すが、この言葉が聞こえたら周りの人全員の協力が必要になる。スタッフも「ゆっくりね。慎重にね」と言葉を掛けてくれる。これは本当にそのとおりで、もしも1尾目をバラしてしまうと、そのマス中でその日1日青ものが釣れないこともよくあるのだ。

　逆に、ビギナーでも周囲の人が協力してくれて取り込みに成功すれば、そのマスだけで青ものが何十尾も釣れることもあ

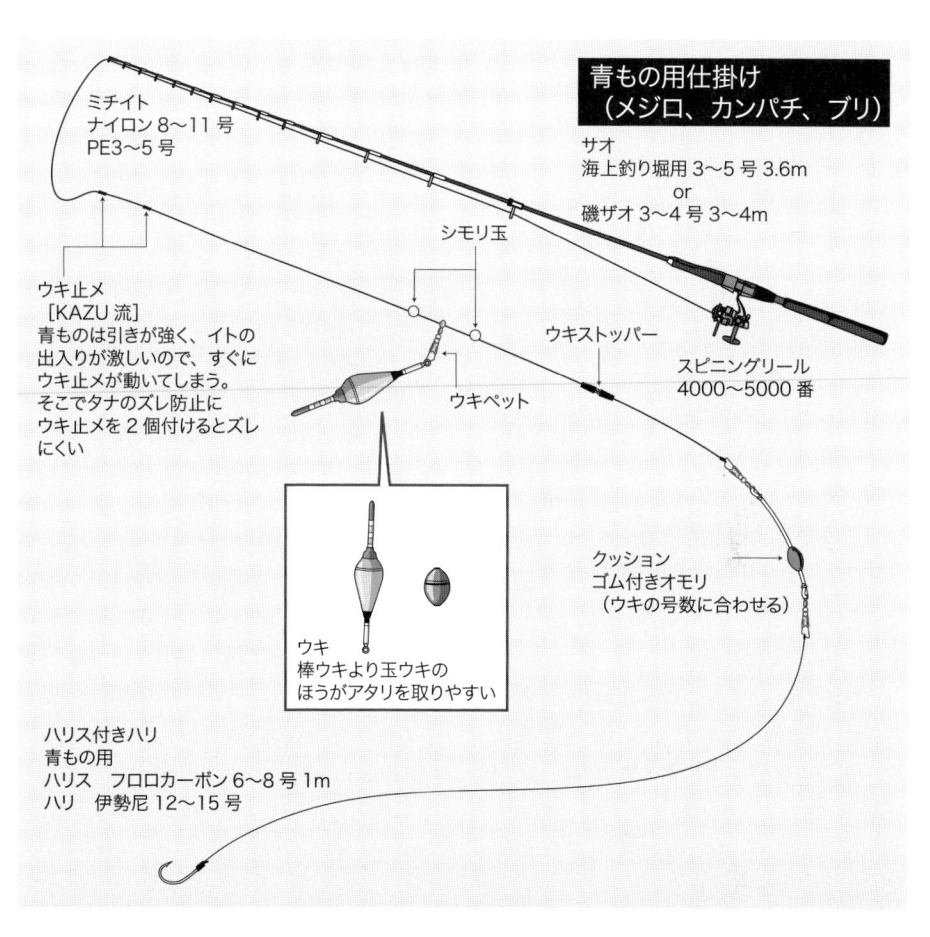

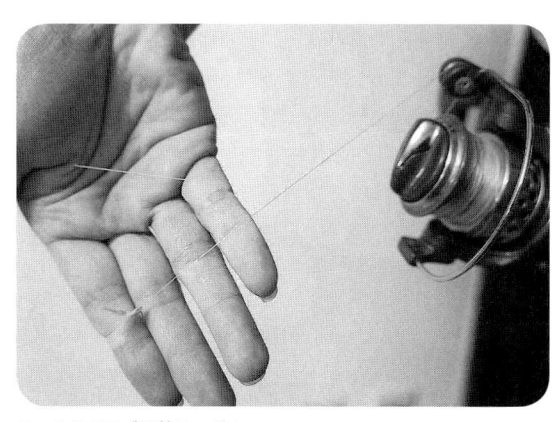

青もの用仕掛け
（メジロ、カンパチ、ブリ）

サオ
海上釣り堀用 3〜5号 3.6m
or
磯ザオ 3〜4号 3〜4m

ミチイト
ナイロン 8〜11号
PE 3〜5号

ウキ止メ
[KAZU流]
青ものは引きが強く、イトの出入りが激しいので、すぐにウキ止メが動いてしまう。そこでタナのズレ防止にウキ止メを2個付けるとズレにくい

シモリ玉

ウキペット

ウキストッパー

スピニングリール
4000〜5000番

ウキ
棒ウキより玉ウキのほうがアタリを取りやすい

クッションゴム付きオモリ
（ウキの号数に合わせる）

ハリス付きハリ
青もの用
ハリス　フロロカーボン 6〜8号 1m
ハリ　伊勢尼 12〜15号

リールのドラグ調整はマダイよりも強めの設定で臨もう

環付き玉ウキ（左）と円錐ウキ（右）。"玉ウキ"というよりはトウガラシウキのシルエットだが、関西では玉ウキで親しまれている

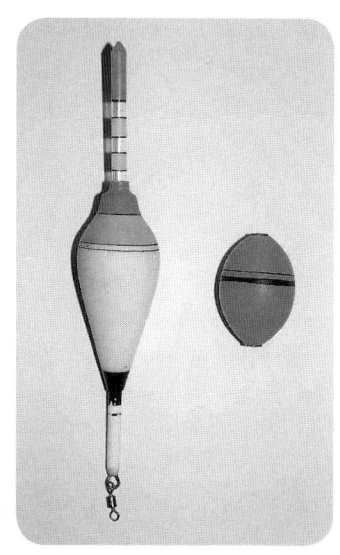

る。それほど、青もののバラシは1日の釣果を左右する要素なのだ。

仕掛けパーツの役割と調整

　タックルと仕掛けの基本的な構成はマダイと変わらない。違いは、魚の大きさが変われば当然仕掛けも強くなる。そしてタナが変わる、エサも変わる。タイ釣りとの違いはこの3つ。

　青ものをねらうなら、青もの専用タックルにまず変えよう。魚が大きいぶん、号数など何もかもがマダイのそれよりも大きくなっている。

●リールのドラグ調整

　マダイの時の「指3本」に対して、青ものの場合は指4本で行なう。仕掛を投入する前には必ず確認。青ものは食い気が立っていると、仕掛を投入した時、水面にエサが落ちる音を聞いてすぐに食ってくることがある。そしてマダイと違ってエサを口にすると同時に走り回るので、ドラグが固く閉められていると、合わせた直後にハリス切れといったケースも多い。

　いくらハリスの号数が太いとはいえ、そのぶんサオも固くなっているし、魚の引っ張る力も違う。ドラグ調整は少し緩めくらいのほうがハリス切れのトラブルを防げる。

●ウキ

　ウキはマダイの3号に対して、青ものでは5～8号が目安のサイズ。しかも、棒ウキではなく、環付きの玉ウキ（トウガラシウキのようなシルエットだが関西～九州ではこのタイプを玉ウキと呼ぶことが多い）

魚のサイズに合わせたハリスをセットしよう

か中通しの円錐ウキがよい。

　理由は、仮に活きエサを付けた場合、3号のウキでは活きエサが引っ張って行くのでウキが沈んでしまう。これでは青ものがエサを食って走っているのか、活きエサが引っ張っているのかアタリが分からない。生エサの場合でもエサが大きくなるので、やはり3号のウキでは沈んでしまうこともある。ウキは必ず大きなサイズを用意することを心がけたい。

　そしてもう1つ、活きエサだと大きなウキでも派手に動くのでアタリに見えてしまいがちだ。特にビギナーの方の場合、活きエサの動きをアタリと勘違いして「あれ？当たっているのに乗らない」「また乗らない！」と何度もサオを上げているシーンをよく目にする。その点、トップが短く胴の張った写真の「玉ウキ」や、円錐ウキだと紛らわしさがだいぶなくなり、本当のアタリが取りやすくなる。

●ゴムクッション付きオモリ

　マダイの項で記したとおり、ウキの号数に合わせるのが基本。ウキが5号の場合はオモリも5号を組み合わせる（4号でも

手元からサオを曲げて走るパワー！

同じマスの中はみんな仲間同士の気持ちで楽しもう

可）。

　初心者の方にありがちな失敗は、「青もの用だから大きくすればいい」とオーバーサイズのウキを選んでしまうこと。8〜10号といった大きすぎるウキは極力避けよう。浮力が勝りすぎてしまい、魚がエサを食った時に違和感でエサを離してしまうことが多いからだ。

●ハリス・ハリ

　ハリスは一番重要だ。市販のセット品（ハリス付きハリ）を購入する場合、ハリの大きさよりもハリスで見て、6〜8号は必ず持って行くべき。釣り場によっては、一般用のイケスでも大ブリが入っていることもよくある。カンパチやメジロクラスには6号、ブリ用に8号が1つの目安だ。

青もの特有のルールとマナーについて
走り回る魚は皆で協力する

「青です」の声が上がったら

　一般用イケス18×18mのマスの中で、70～80cmもある青ものがエサを食って走り出したら？　両隣の人との仕掛の間隔は2～3m。そのままではオマツリ（ほかの人と仕掛けが絡むこと）必至だ。こんなトラブルを未然に防ぐため、海上釣り堀の青もの釣りでは1つのルールに近いマナーがある。

　掛けた魚の大きさはサオを持っている本人が一番分かる。そこで、青ものらしき引きを感じたら大きな声で「青です」と周囲に伝える。勝手が分からないビギナーの方の場合は、スタッフが気付いた時点で代わりにほかのお客さんに声をかけてくれる。

　この「青です」を聞いたら、同じマスで釣りをしている場合、基本的に仕掛けを一度上げてやり取りを邪魔しないこと。これが青もの釣りのマナーだ。

　最初に青ものを掛けた方に上手く取り込んでもらわないと、次の青ものが食ってこなくなり、せっかくの時合がパーになってしまう。そして、協力しあってタモ入れも行なおう。

　青もの釣りのマナーに関連して「追い食い」という言葉（行為）もある。前記したように、青ものは群れをなす魚。その中の1尾がエサを食うと、後ろに数尾が付いてくる。その後追いしている魚ねらいで、先に掛けた人の隣でエサを投入する人たちがいる。これが海上釣り堀におけるいわゆる「追い食い」なのだが、決してほめられた行為ではないのでやめておこう。理由はいうまでもなく、先に青ものを掛けた人がまだタモ入れをしていないのに隣で追い食いをされると、オマツリになってイト切れを起こす可能性があるからだ。

　海上釣り堀は、同じ釜の飯ならぬ「同じマスの中（仲）」、ルールとマナーを守って1日を楽しく過ごしたいものだ。

皆がルールとマナーを守れば誰でも楽しい1日が過ごせる。それが海上釣り堀の魅力だ

青もの放流時のラッシュ
掛けた人を優先して楽しむ

「用意」の大切さ

　釣り場によって差はあるが、青ものの放流は1日に2〜3回ある。魚種別に放流するところもあれば、一度にまとめてかなりたくさんの青ものを放流するところもある。そしてどの釣り場でもだいたい朝のスタート後1時間くらいで1回目の放流を行なうようだ。この機を逃さずしっかり1、2尾釣っておくと、残りの時間の釣りに少し余裕ができる。

　1回目の青もの放流時は確実に食ってくる。放流直後に「青です」と声が上がることも珍しくない。したがって2章の青もののエサの項で記したとおり「用意」が大切。必ず放流前に活きアジ等のエサを付けて投入しておくこと。

　一度に何尾もの魚を放流するため、放流直後は同時に3、4人のサオに掛かったりすることもある。その時はお互いにオマツリを避け、釣れている人の反対側にサオ先を向けるなどして魚同士が極力近づかないようにやり取りをして取り込もう。

　同じマスでほかの人が青ものを掛けたら仕掛けを上げると前項に記したが、魚の食いが立っているのは今。観戦しながらもタモ入れが終わるのを見た時点ですぐに仕掛の投入が出来るように、準備を整えておこう。

　放流時のラッシュはバラシがない限り、前日からの居残りの魚まで活性化することがある。見た目にラッシュが終わっても、そこからもう少し粘ってみるのも1つのポイント。

　また、釣りあげた青ものがエサを飲み込んでいて、ペンチで外すのに四苦八苦している人をよく見かける。貴重な時間をロスしてしまうので、外れにくいようなら思い切ってハリスごと交換したほうがよい。

　「青ものは食いが立っている時に1尾でも数多く」が、釣果を伸ばすためのシンプルな秘訣だ。

放流直後のラッシュで確実に青ものをゲットしよう！

ハリの刺し方
活きエサ・生エサの違い

　青もの釣りで代表的なエサといえば活きアジ。これは現地で購入できる（要確認）。一方、生エサ（冷凍など死んだ状態のもの）はすべて揃っているとは限らないので、必要最低限のものは必ず持って行くようにしよう。

　状況によっては活きアジに全く食ってこない時だってある。潮の流れがある時など、それなりに魚の活性がよければ活きアジ・生エサのどちらにも食ってくることが多い。ところが潮が全く利いていない時や、冬場のように水温が低い時（活性が低い）は、生エサがより効果的になることがある。

　魚の活性が悪い時には、活きアジで元気よく走らせるよりも、青ものの目の前でエサをゆっくり動かすのも1つの手だ。冷凍イワシやキビナゴを付けてタナまで沈め、ユラユラしている間に食ってくることもある。

▶▶▶活きエサの付け方

鼻掛け

エサが生きている活きエサは、小魚が弱らないようにハリに刺すことが肝心。基本は鼻掛け（鼻から鼻に抜く）。この時、エサの大きさにもよるが、軸太タイプのハリは極力使用しないこと。小型の場合、鼻にハリを通した時に鼻が切れてしまうことが多い

背掛け

小魚でも弱りにくいのでよく使われている。注意点は、あまりハリを深く刺しすぎないこと。背骨に当たると魚が水中で動かなくなってしまい、活きエサの意味がなくなる

尻掛け

エサの小魚が「小さすぎるかな？」という時に有効。エサが小さすぎるとオモリの重さに負けてしまい、走り回れない。大きな青ものが走り回る中でエサとなる小魚は逃げるのに必死、という状態を再現できないのでは困る。尻掛けでは、ハリは尻尾、頭は下に向くので、下に下に潜ろうとしてエサは尻尾を絶えず動かした状態になる

放流直後は魚が活性化しているので、自分なりのエサを2～3種類を決めておくとよい。そしてマダイと同じようにそれらをのローテーションさせることが大切だ。

　ひと口に青ものといっても、ブリ・メジロ・カンパチ・ヒラマサ、それぞれに習性も違えば好むエサも違う。活きエサの小魚でもアユ・アマゴ・ウグイ（銀平ともいう）、それぞれ使い分けをしてみると当たる魚種が変わってくる。

　これらの種類をいろいろと試してみることも価値があるが、もう1つ、エサの大きさの違いで食ってくる魚種が変わることもある。これは生エサでも同じこと。少し食いが悪いと感じたら、冷凍イワシをそれまでの半分にカットして付けると意外に食ってくることがある。逆に、キビナゴを2尾掛けにして目立たせるとアタリが出ることもある。

　冬場など活性の悪い時には、冷凍イワシを足で踏んで潰してからハリ掛けすることもよくある。内臓を潰すことで生臭さが強まるのが効果的なのだろう。

　春先や秋口など、魚自体のコンディションがよい時期には活きエサ・生エサのどちらにも食ってくる。ところが夏場に水温が上がりすぎたりすると、青ものも元気な活きエサを積極的に追いかけ回さなくなる。こんな時には小さめにした生エサのほうが食いがよい。

▶▶▶生エサの付け方

アゴの下から頭にしっかりハリを抜く（イワシ）

ハリを目から目に刺して抜き、背中に浅く掛ける（イワシ）

切り身は外れやすいので、カツオなどエサの種類にかかわらずしっかりとハリ付けする（写真はイワシ）

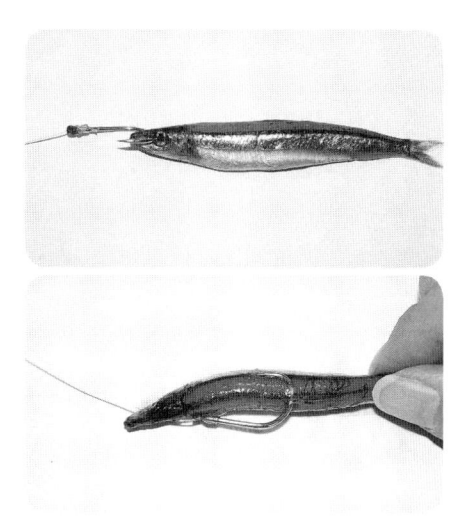

キビナゴのような小さな魚の場合、ハリ外れしやすいのでイワシの場合と同じく目から目にハリを抜き、背中に刺す

放流時のラッシュとタナの調整
群れから1〜1.5m上のタナを意識する

青ものは基本的に「上目遣い」

　海上釣り堀のマスの水深は平均すると10mほど。この深いタナをどう探るかが釣果の分かれ道。

　基本はマダイより上が目安。しかし、上といってもどの程度上なのか？　青ものは主に中層から上層を泳ぎ回る魚なので、何となく「上のほうでいいか！」と思いがち。

　しかしここでアバウトにいくと、意外に食ってこないことが多い。

　青ものは、絶えず捕食対象の小魚を求めて自分と同じタナか、それよりもやや上を意識して泳ぎ回っている。そのため上〜中層でも自分よりも下のエサにはほぼ反応しない。これはとても大切なので必ず覚えておこう。

条件に応じて探るタナを変える

　図のように魚が群れで泳いでいるとしよう。この場合、基本のタナは7mまたは9mライン。ただし食い気が立っている放流直後の魚にアピールするには少し上を意識する。7mラインのブリ・メジロの群れには、1〜1.5m上のタナをねらうといい。そこが青ものにとって、上にいる小魚に飛びかかるのにちょうどよい位置になる。活きエサの小魚も、下に食い気が立っている青ものが勢いよく泳いでいるので下には潜ろうとしない。

　逆に、このタイミングでブリ・メジロがいるタナそのものに活きエサを入れると、食われまいとして底に潜ろうとする。ウキがあるのに？　と思われるかもしれないが、棒ウキを使っていた場合、活きエサは必死で逃げようとするので棒ウキを沈めてまで潜ろうとするのだ。こうなると青ものの視界から外れてしまい、食ってこなくなる。

　くどいようだが青ものねらいは「放流時の食い気が立っている時は少し上のタ

自分なりのタナの探り方を確立すれば青もの釣りが一段と楽しくなるはず

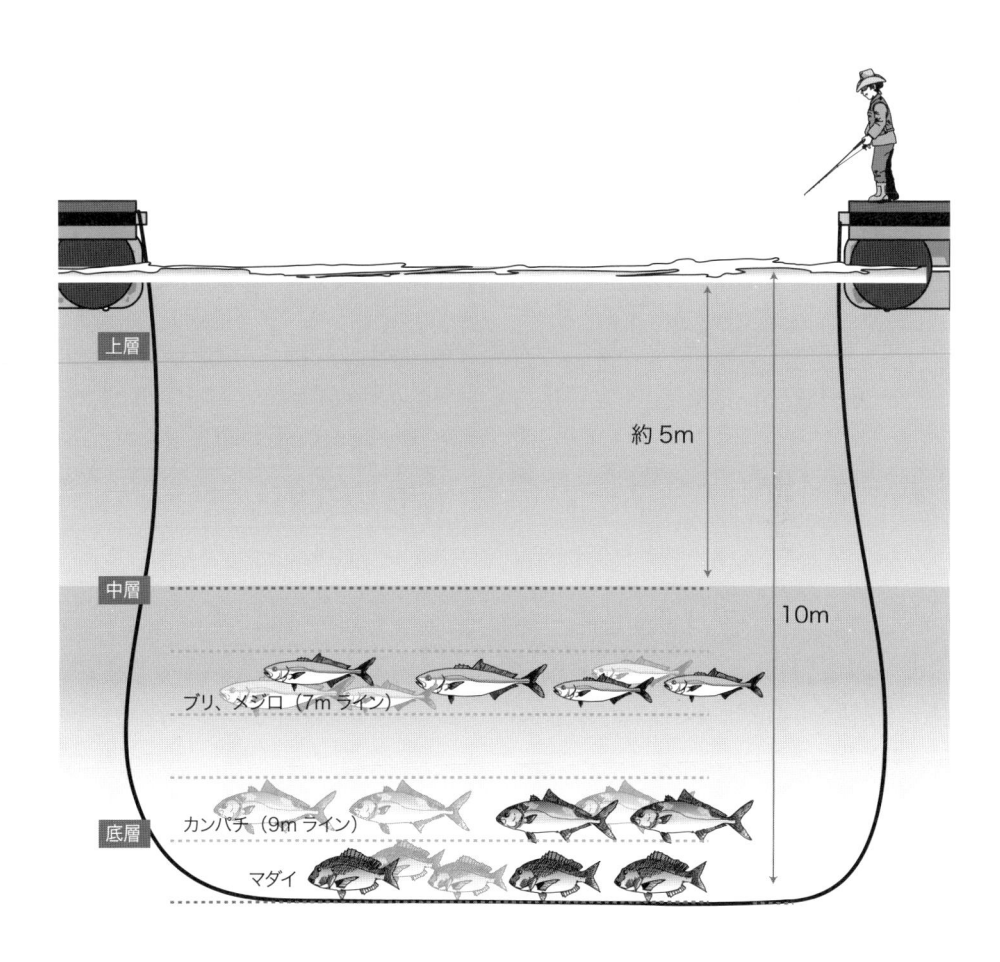

図中ラベル：
- 上層
- 中層
- 底層
- 約5m
- 10m
- ブリ、メジロ（7mライン）
- カンパチ（9mライン）
- マダイ

ナ」と覚えておこう。

　放流時以外の食い気がない時は、メジロ・ブリの群れのど真ん中にエサを投入してアピールするもの有効。目の前にエサをちらつかせることで相手を活性化させる手段の1つだ。

　同じ青ものでも、カンパチのように底層寄りにいる魚も同じこと。図のように9mラインにいる場合、1m上の8m付近を探るとよい。

　周りでハリス切れ等があり、青ものが全く食ってこなくなったらどうするか？　この場合、メジロやブリ、ヒラマサも警戒して一時的に底付近まで潜っているので、9mライン辺りから探り直してみるのも手だ。

　そして1尾釣れればふたたび活性を取り戻したりするので、アタリが出たら少しタナを上げる。このサイクルを忘れないようにしよう。

　このように見ていくと、青ものといっても状況に応じて探るべきタナがかなり変化することが分かるだろう。

KAZU ワンポイント
青もの釣り基本のおさらい

習性を知ることの大切さ

マスの中をのぞき込んだ時、青ものが数尾群れをなして走り回っているのが見えたら、魚は食いが立っていると覚えておこう。

走り回る青ものは捕食体制に入っている証拠。そこに生きた小魚がいれば、青ものは自分たちのテリトリーに入ってきた小魚にすぐ気づいて捕食するだろう。こんな時には何といっても活きエサが効果的だ。

上層から中層にいるはずの青ものがそこにいない時。これは何らかの理由で魚が警戒しているか、食い気がない時に多く見られる。周りでハリス切れ（バラシ）が起きると、青ものは警戒して必ず底に潜ってしまう。

そんな状態の魚にも口を使わせるには、エサの目先を変えて探るとよい。そしてタナも必ず変える。魚は、警戒しながらもエサには目を向けている。効果的なエサのローテーション1つでスイッチが入ることもあるのだ。

青ものを釣り分ける

海上釣り堀ではよくこんな声を耳にする。「メジロが釣れたから、次はカンパチもほしい、釣りたい」。

しかし、そういう方に限ってメジロと同じタナのままでカンパチを釣ろうとしている。これでは無理。また、カンパチというと難しい魚のイメージを抱いて最初からあきらめている方も多いかもしれない。実際には、習性を知ることで釣り方とともに、意外にね

青もの全体の習性、さらに魚種別の習性を知ることが大ものゲットへの近道

大ものとのやり取りはサオの弾力とリールのドラグ機能を最大限に活用しよう

らって釣れる魚であることも分かってくる。

底層に身を潜めているカンパチをねらうには、まずシンプルにメジロ・ブリより少し下のタナをねらうこと。基本どおりに中層でメジロが釣れたら、タナを1ヒロ（約1.5m）下げてエサをローテーションするとカンパチが食ってくることが多い。魚種が違うのでタナが変わるのは当然として、カンパチはメジロ・ブリが食ってこないエサで当たることがあるからだ。

時期にもよるが、たとえば夏場のメジロはアマゴのような小魚はあまり好まないが、このエサにカンパチが食ってくることが多いという声をよく聞く。アジよりも黒っぽい色のエサを好む習性があるのかもしれない。

相手がどんな魚でも、エサを食う限り釣り人にチャンスはある。そのチャンスを得るために、習性を知りねらいを定めていく。特に海上釣り堀では、マスの中の魚種が分かっているのでそのぶん攻略もしやすい。

マスの中にたくさん青ものが入っているのを見ると、誰もが目の色を変えて青ものを釣ろうと夢中になる（何しろ大きいのでインパクト大）。しかし、魚と一緒になって興奮しているだけでは釣果は伸びない。相手や状況をよく観察して、タナとエサを決めていこう。

ここぞのチャンスにねらう

また、一日中青もの釣り（ねらい）ばかりでは、当たり外れの大きな冒険になる。放流時の時合、潮が動いている時、そんな自然にも左右されることも頭において釣りを研究するのも楽しみの1つ。

青もの釣りは、魚を知れば知るほど釣果が変わる。少しの反応でも青ものをゲットできるようになれば、1日の釣行がますます楽しくなるだろう。

KAZUワンポイント
海上釣り堀利用料金の目安

　詳しくは個々の釣り場で事前に確かめてほしいが、海上釣り堀の利用料金は、だいたい下記を目安にしていただけるとよいだろう。

　この金額を見て高いか妥当か安いと思われるかは人それぞれだと思うが、近年の海場釣り堀の人気ぶりをみると、決して高くはないと感じている方が大勢いることは確かだ。安全度の高い釣り場で老若男女・釣りの経験を問わず誰もが気軽にアウトドアレジャーを楽しめ、なおかつ帰りには自分で釣った魚のお土産までついてくる。これは断然お得だとKAZUは思うのだが、いかがだろうか。

【海上釣り堀・1日の利用料金一例】
- ●渡船ありの釣り場
　　大人（中学生以上）　￥13,500
　　女性（中学生以上）　￥10,500
　　子供（小学生以下）　￥ 7,500
- ●陸続きの釣り場
　　大人（中学生以上）　￥10,500
　　女性（中学生以上）　￥ 7,250 or 5,250
　　子供（小学生以下）　￥ 5,250
- ●大ものコース
　　大人　￥16,000～
　　※女性、子供　同一金額
- ●2時間コース
　　￥4,000～5,000前後
　　（大人・子供・女性　同一料金）
- ●貸切料金
　　※釣り場によってマス貸し料金タイプ、人数計算タイプの2種類がある。
- ●レンタルザオ
　　￥1,000～1,500（1本）

大ものとの引きに大興奮して、1日が終われば家に帰ってからの楽しみが待っている。海上釣り堀は「釣って楽しい・食べて美味しい」レジャーだ

※各料金は一応の目安。実際の料金設定、開場時間は各釣り場によって異なるので、予約の際に必ず要確認。

5章

創意工夫の中級編

「ラッシュが終わった後でももっと釣りたい」
「特定の魚種をねらって釣りたい」「エサを自分でアレンジしたい」
そんな"釣り人の欲"に応えるための章はコチラ。
上級への扉としてウキを外したズボ釣りも紹介

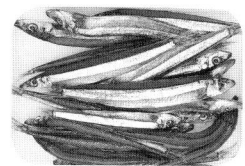

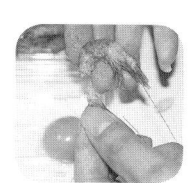

マダイ「あと数尾」を釣るテクニック
バランスのとれた細仕掛けで数を伸ばす

これまでの釣果を数尾でも越えるためには、新たなテクニックが必要となる。中級者へのステップアップを、まずはマダイから伝受しよう

　海上釣り堀をマスターするには、一番大切なのがこの中級だ。ここまでは海上釣り堀の基本となる釣り方を解説してきた。これだけでもマスの中から充分な釣果を手にすることができるし、1日を楽しく過ごせるはず。しかし常連の釣り人たちと比べると、やはりスカリの中身には歴然とした差があるはず。

　何かが違う……エサ？　仕掛？　さらなる釣果を得たいと思ったら、新たなテクニックが必要になる。今までの釣果で納得してしまうのか？　1つ上のランクを目指すのか？　その別れ道ともいえる。ここでは中級レベルにステップアップするための知識を紹介したい。

釣り堀のクセを知る

　まず、中級への一歩は釣り堀の「クセ」を知ること。たとえば、マスの同じ所でしか当たらない。上げ潮でしか魚が口を使わない。何回行っても同じ流れ。当たる時間のばらつき。そういった釣り堀独特のクセを知ることで、釣果にも差が出てくる。数回の釣行ではなかなか分かりにくく、苦戦してあきらめる方も多いのだが、とにかく海上釣り堀に足を運ぶことが大切。

　さらに、周りをよく観察してたくさん釣ってる人がいたら、その釣り方やエサなどを観察することも大事だ。

　釣果はもちろんのことだが、中級者ともなれば、逆に周りの初心者などに手を貸してあげることも必要。タモ入れを手伝う、仕掛けの絡まりをほどいてあげるなど、中級レベルの釣り人が率先して行動することが、海上釣り堀のルール・マナーを左右するといっても過言ではない。マナーをしっかりと守って技術の向上に励もう。

中級・マダイ一般仕掛け

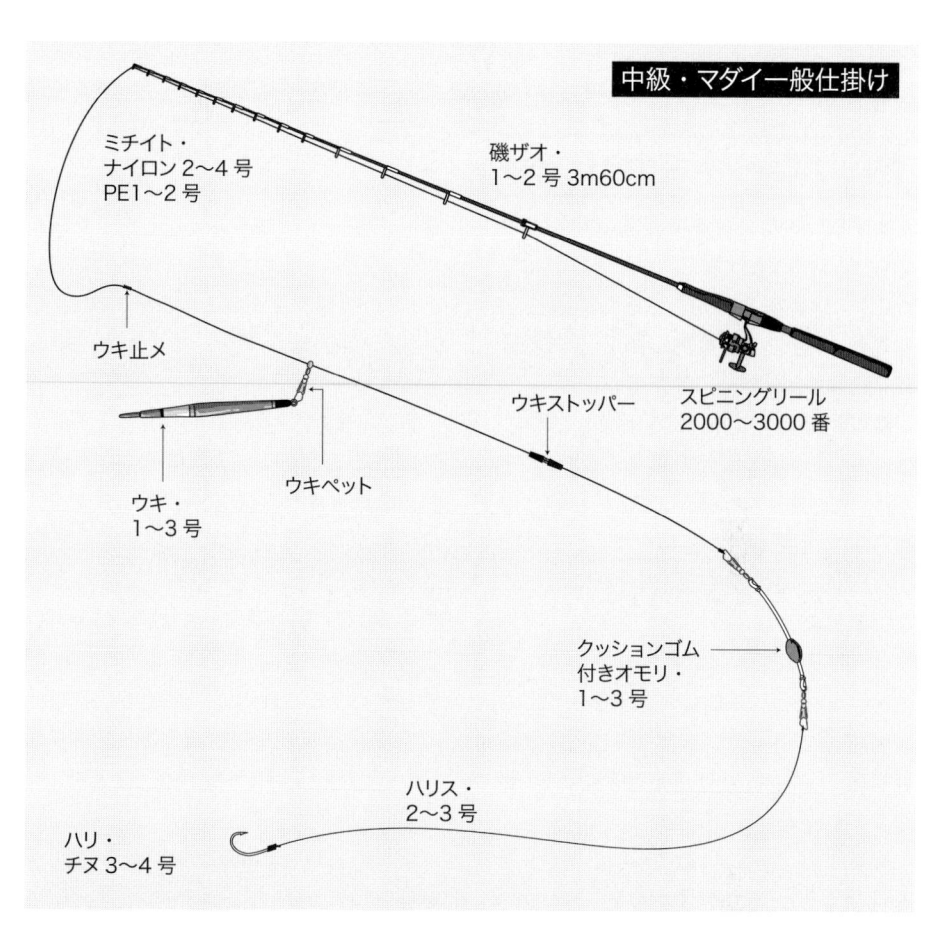

- ミチイト・ナイロン2〜4号 PE1〜2号
- 磯ザオ・1〜2号 3m60cm
- ウキ止メ
- ウキ・1〜3号
- ウキペット
- ウキストッパー
- スピニングリール 2000〜3000番
- クッションゴム付きオモリ・1〜3号
- ハリス・2〜3号
- ハリ・チヌ3〜4号

水中での抵抗をなるべく少なくするのが中級のテク。ウキも棒ウキが最適となる。いろいろな種類があるので、自分に合ったウキを探し出したい

数釣りにシフトさせた仕掛け

　まずは、基本となる初級編で学んだマダイのタックル＆仕掛けはひとまず置いておこう。初級編では魚を取るため余裕のあるセッティングを優先したが、ここでは数を釣ることを第一に考えたい。

　数を釣るうえで一番変化させたいのは、タックル＆仕掛けの強さ、太さ、大きさだ。図を見てもわかるように初級編とは明らかに号数が変わっている。ここで大切なのは一部のアイテムだけを変化させないこと。

　すべてのアイテムが比例するように、トータル・バランス的に号数を落とすことが大切。ミチイトやウキ、ハリスなどの仕掛けを細くしてサオだけがそのままでは、当然ミチイト、ハリスの強度が持たなくなる。

　具体的なサオの号数でいうと1～2号を使用すると、サオ自体がかなり軟らかいので、細ハリスでも充分に対応できるようになる。

　さらに、食い気の乏しいマダイは、当然アタリも小さくなる。そのアタリをよりダイレクトに出すためにも、水中で抵抗となるものは仕掛けから除くこと。例を挙げれば、ウキとミチイトの接続にウキペットを付けることで、思い切って両サイドのシモリ玉を取り外してみる（玉ウキの場合は別）。クッションオモリも抵抗となるので使用しないという釣り人もいるが、これは軟らかいサオを使用することで、ゴムのクッション性を代用させる高等テクニックでもあるので、やり取りに自信が付いたらチャレンジしてもいいだろう。冬場の低水温時、マダイの活性も低いことが予想される中、5号くらいの大きなウキを付けていると、当然ウキが消し込むことはありえない。アタリはあるのだが、ウキが大きすぎて見落としているのだ。

　微妙に口を使うマダイの小さなアタリが取れる感度のよい、抵抗のあまりない細めの棒ウキをセレクトしたい。マダイに食い気がない状況では、丸いウキを水中に引っ張っていくほどのアタリは皆無だ。逆に浮力が強すぎるとエサをくわえても抵抗によって離してしまう。より自然にエサを食わせるためにも、当然沈み込む抵抗の少ない棒ウキが最適となる。棒ウキといってもいろいろな種類があるので、自分に合ったウキを捜し出したい。

　夏場の日差しがある状況で潮の透明度も高い時に、モーニングラッシュ時と同じ4～5号といった太いハリスでは、当然マダイは口を使わない。目安としては2.5～3号がベストだが、サオの軟らかさ、ドラグの調整など複合的な要因でハリスの号数も変わるので、自分なりにトータルバランスを考慮しつつ探ってみたい。ただしハリスに関しては、釣り堀によっては細ハリスは禁止という所もあるのでご確認を。

　ここでKAZUが一番いいたいのは、ただタックル＆仕掛けの号数を落とすだけではなく、なぜそうするのかを理解することで、初級との違いが明らかに見えてくるはずだ。

サオの軟らかさを生かせば、細ハリスでもマダイの引きを充分に吸収してくれる

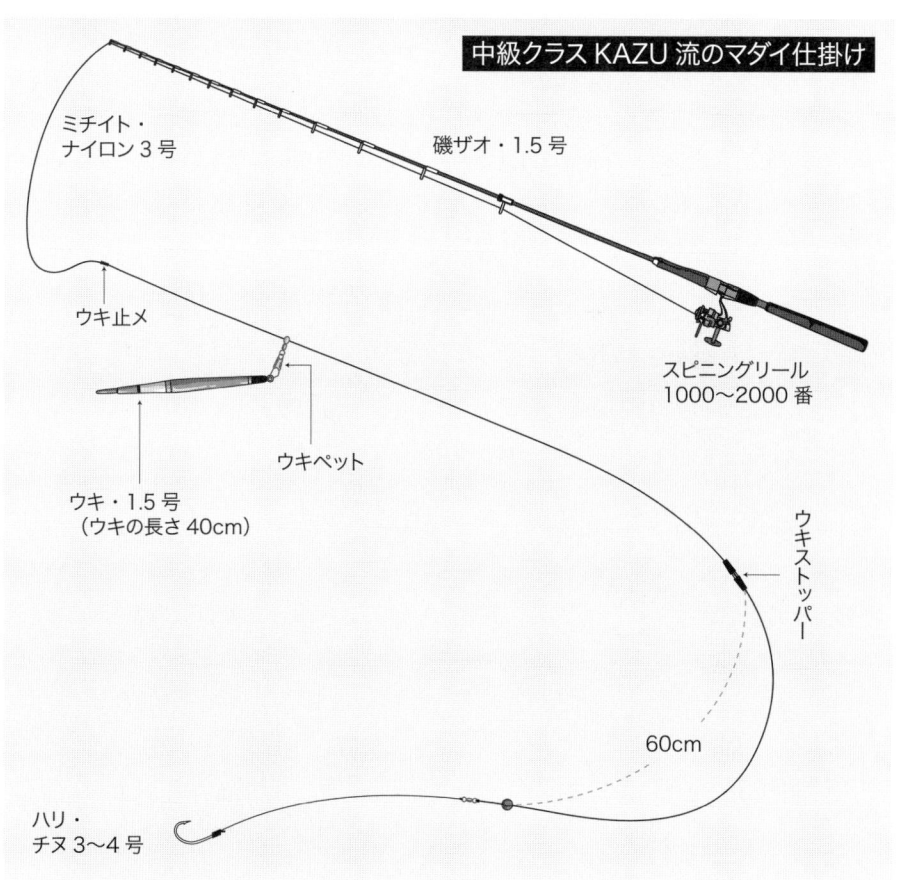

中級クラス KAZU 流のマダイ仕掛け

ミチイト・ナイロン3号

磯ザオ・1.5号

スピニングリール 1000〜2000番

ウキ止メ

ウキペット

ウキ・1.5号（ウキの長さ40cm）

ウキストッパー

60cm

ハリ・チヌ3〜4号

エサをさらに工夫する
独自のアレンジで差をつけよう

モーニングラッシュも終わってアタリが止まれば、まずはエサをローテーションして、マダイが口を使うエサを見つけられるかが釣果の分かれ道となる。

初級編でマダイをねらうための基本的なエサは押さえているので、時期に合わせた最適なエサのピックアップは可能なはずで、そのローテーションも頭に描けていることと思う。しかし、周りの釣り人よりも釣果を得たいなら、少しこだわったエサのローテーションでねらってみたい。

●市販のエサにひと工夫

前の章で紹介したプチトマトやミカンなど奇抜なエサを用意するのではなく、普通に使用しているエサに、少し手を加えてアレンジするだけでいい。

具体的には、殻付きの冷凍エビなどの場合、少し取り分けてエビの甲羅部分を味噌と足を残して取り外し、食用色粉で黄色く色付けして、ハチミツの入った容器に漬け込むだけでアレンジ完了。いたってシンプルなエサだが、これがまたよく釣れるのでお試しいただきたい。

このように、自分なりのエサを作れば、そのレパートリーはどんどん広がるし、市販されていないエサをローテーションの中

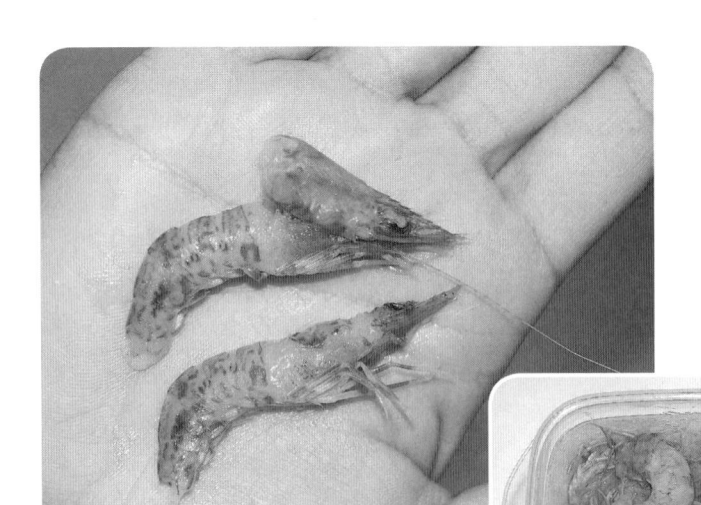

殻付きの冷凍エビをアレンジ。まずは味噌と足を残した状態で頭部の殻を取り外す

食用色粉で黄色く着色し、ハチミツの入った容器に漬け込めばマダイの特エサのでき上がり

に組み込んでいくと、釣果に歴然とした差が表われるのが実感できるはずだ。

●**よりアピールするエサを！**

　春先や秋口など、マダイが乗っ込みに入るシーズンには、虫エサで爆釣といったこともしばしば見られる。

　というのも、マダイの食い気が上昇するシーズンは固形エサよりも生きてる虫エサに興味を示す傾向にあり、確実に食わせることができるエサとなるからだ。

　しかし、ここでも少しこだわったエサの選び方で釣果に差が出る。それは、大きさのこと。同じアオイソメでも太く、大きなもののほうが一層マダイの目に付きやすくなる。

　マダイにアピールする目立つ虫エサを選ぶのがキモで、種類でいえばアオイソメよりアオコガネのほうが太さ、長さとも勝り、水中でクネクネと大きく動くためより大きな効果が得られる。

●**エサのミックスもあり！**

　ダンゴでアタリが出なければ生エサ。生エサでダメならば活きエサ。それでも反応がなければ、2つのエサをミックスして付けてみるといったねらい方もある。

　KAZUがよく試しているのは、ホタテの貝柱を外してダンゴを装着する方法だ。マダイが口を使わない状況では、見たことのない少し変わったエサに興味を示すのか、意外にアタリを出してくれる。

　これは一例で、どんなエサでアタリが出だすが分からないので、いろいろと試して

虫エサはアピール度の高い太く、大きなものを選びたい。写真のアオイソメも右より左をハリ付けすること

虫エサの種類でも大きさが違う。アオイソメより太さも長さも上回るアオコガネのほうが、よりアピールできる

みることが大切なのだ。

●**場所や季節も影響する**

ダンゴや生エサは、マダイねらいでは定番なのだが、活きエサの場合は釣り堀によってもムラがあり、食ったり食わなかったりする。足を運ぶことで各釣り場のクセを見つけることも大切。

さらに、釣り場のあるエリアの状況でも、エサの食いに違いが出る。自然の状態で流下する虫などを捕食しているのか、近くに河口があるとか、大雨の後などは意外に虫エサがよかったという声も聞く。

また、真夏のような高水温時は魚も動き回らず、底層の水温の低い所で上から落ちてくるエサを待っている。

そんな状況では活きエサでアピールするより、生エサの臭いで誘うほうが効果的。食いは渋いため小さくエサをカットし、一度の当たりで確実に食わせることを心掛けたい。

また、同じ活きエサでも、シラサエビで当たるからカニでも食ってくるとは限らないので注意したい。確かにマダイの大好物な甲殻類ではあるが、活きエサの場合は時期にかなり左右されるので、その違いも頭に入れておきたい。

マスの中にはたくさんのマダイがいる。ただし釣り人が垂らす仕掛けも多く、同じエサでは釣果に差が出ないのは必然。アレンジしたエサ、季節や場所を考慮したエサのローテーションでマダイの当たりエサを探ってみたい。

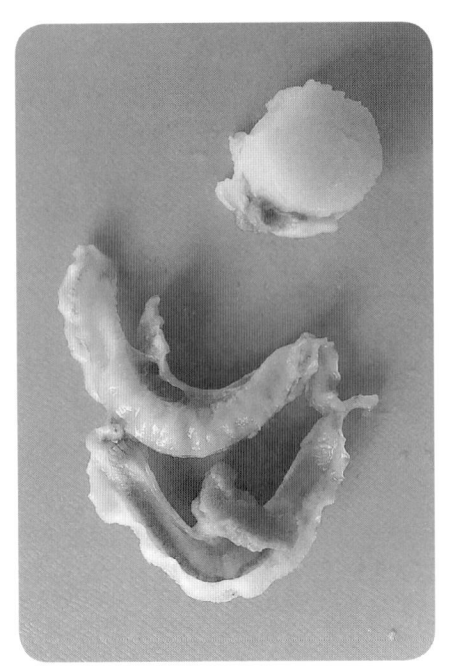

いろいろなエサを試して効果がないなら、2つのエサをミックスするのも手。まずはホタテの貝柱を外してみる

ホタテの貝柱のあった部分にダンゴを入れて、「ホタテダンゴ」の完成。これまで見たことのないエサに、マダイは反応することも多い

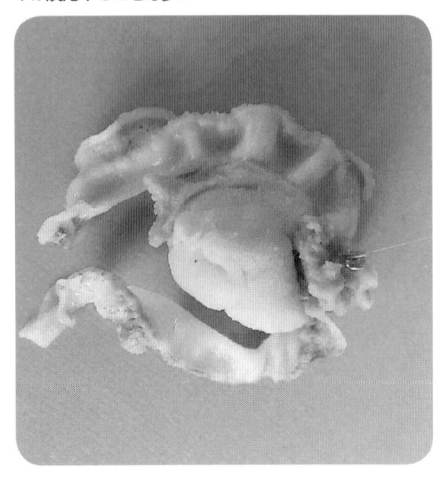

誘い方
エサ別に誘い方に変化を持たせる

誘いは中級の必須テクニック。使用するエサごとに誘いも変化する。1日を通してサオを手に持ち誘い続けたい

　モーニングラッシュのアタリが止まった時、周りを見渡すとサオを下に置いたままで食いを待っている釣り人を多く見かけるが、こんな時こそ、誘いが有効となるのだ。

　ただし、「エサを動かしたらいいや！」と、サオを上下してコチョコチョと動かすだけでは効果も薄い。使用しているエサの特徴を考えながら、誘い方にも変化を持たせることが中級のテクニック。ここでは、エサ別の具体的な誘い方を紹介したい。

●ダンゴの誘い方

　ダンゴをハリ付けする時、そのダンゴの固さを把握しておくこと。固さ1つで、誘い方が変わるのだ。少し柔らかいダンゴの場合、誘い方もゆっくり1mくらい上に上げ、ゆっくり落としていく誘いとなる。ダンゴは周りから崩れていくため、海中では撒きエサの効果を発揮する。誘い上げる動きでダンゴを崩しつつ、ゆっくりと撒きエサの煙幕の中にハリ付けされたダンゴを落とし込むことで、撒きエサと付けエサが同調してマダイに口を使わせる。

　また、固いダンゴであれば、早く上げて一気にオモリの重みで落とす。そういった上下の誘い方に強弱をつけるのも手だ。

●生エサの誘い方

　生エサは、強い臭いが武器となる。誘い方で周りにその臭いを広げて魚にアピールすること。意外に生エサはエサ持ちがよいので、少々の誘い方ではハリ外れしない。大きく誘いを掛けたい。

●虫エサの誘い方

　潮の流れを読めという言葉があるように、マス内の潮の流れも大切。魚は潮上に頭を向けているので、潮に自然体になるようにエサを持っていくこと。

　潮に乗せながら誘いを掛けるのであれば、虫エサが有効となる。その場合、大き

ダンゴの誘い方

基本的な上下の誘い方
上下の誘い方はエサが同じところに戻ってくる
上に大きく誘う
ゆっくり戻す

ダンゴの誘い方
1mぐらい誘い上げる
ゆっくり落としていく
誘いでくずれるダンゴの中にエサをゆっくりと下ろしていく

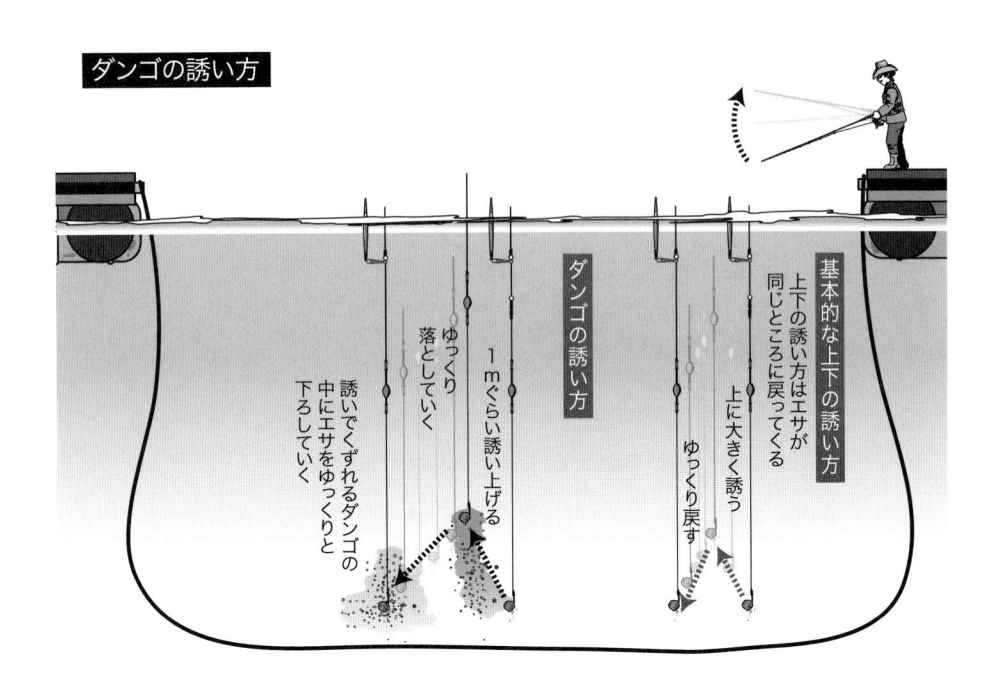

く誘うより小さく何回も動かす誘い方が、虫エサが動いているように見えてよりアピールする。

　釣り座から流れが入っているなら、ネット際に落としてマスの中央に流していく間に何回もの誘いができる。誘うたびに潮上にエサを持っていけるので、自然に流れてくる虫エサのようにも演出できるのだ。

　もちろん、活きエサでも放置するだけではなく、より一層目立つように動かすことが、魚の食い気を促進させてくれるはずだ。

● **横への動きも大切**

　これまで、上下の誘い方をメインに解説してきたが、この誘いはエサが同じ所に戻るだけとなり、数回同じ場所で誘っていると魚も慣れてしまい、エサに見向きしなくなることも多い。

　そんな時には、横の誘いも加えてみたい。図のように誘うことで、エサは必ず違う位置に移動する。水面でサオ先1〜1.5m横に動かすだけで、オモリに引かれたエサも大きく横に動いている。横へ横へと動かして、自分の釣り座を広範囲に探ることも、釣果を増す手段となるのだ。

　アタリが止まれば、まずエサのローテーションとともに誘いを併用して、いかにして魚にエサを食わせられるかをイメージすることが大切。

　1尾でも多く釣りたいと思うのであれば、サオを置かずに1日を通して誘い続けることが釣果へと繋がる。

　誘い方といっても、人それぞれ。エサも変われば誘い方も変わる。そういった意味でも、いろいろな誘い方を試してみたい。

横の誘い方

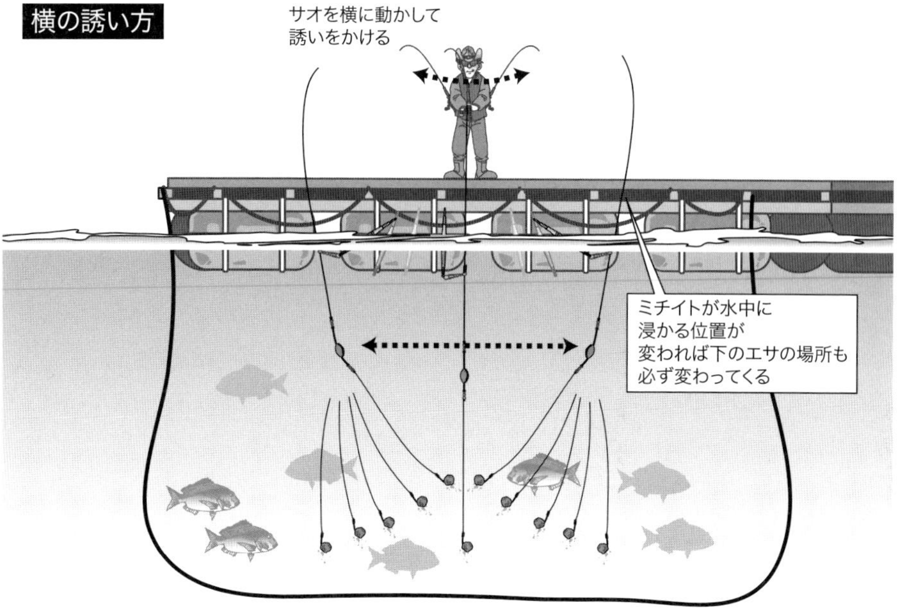

虫エサの誘い方

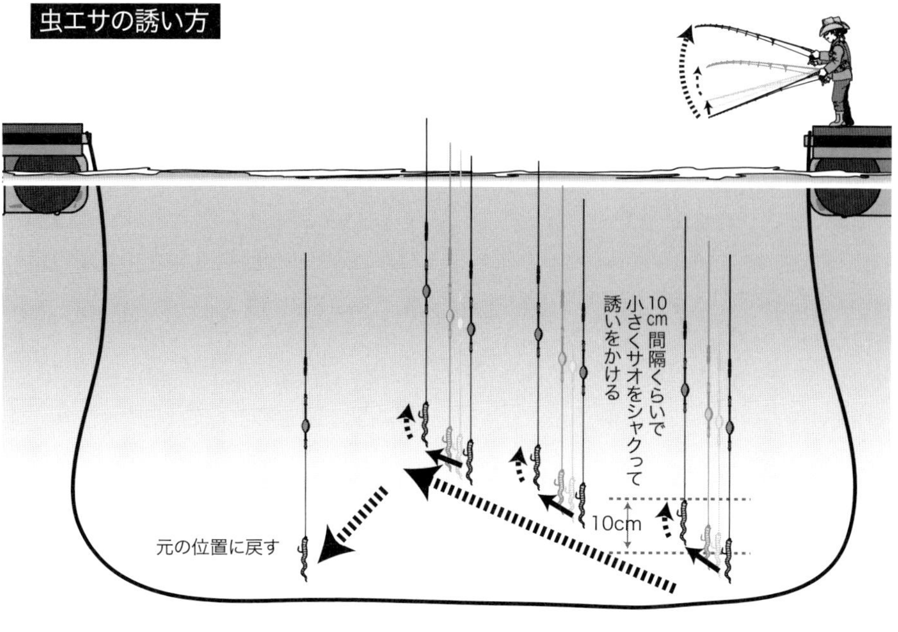

タナの探り方
モーニングラッシュの後は底をねらう

　3章の初級編でも記したとおり、モーニングラッシュの時は深さ10mのマスの場合、約7～8mがマダイの食うタナとなる。それでは、ラッシュ後の食い止まりの時はどうするか？　釣り堀での基本3大要素の1つと「タナを一から取り直す」こと。

　アタリが止まる原因は、魚の食い気がなくなったか、タナが変わったかの2つ。まずタナをしっかり探って、反応する水深を見つけることが先決だ。

●まずは底から50㎝上で！

　マダイは必ずラッシュの後は底層へと逃げる。マスの中は朝イチからのお祭りモードでバタバタと荒れたはず。マダイは一気に警戒して底の深みへと潜ってしまうのだ。だからこそ、タナ取りを使用して底までの水深を再確認することが大切になる。これを怠り、朝イチに計ったから大体これぐらいかな？　と曖昧な感覚でいると、周囲で釣れ始めても、自分だけ食ってこないという事態にもつながる。底までの水深が分かったら、今度はどこまで深くするかだ。底といってもネットぎりぎりにしてしまうと、潮が動いた時に引っ掛かってしまう。目安として底から約50㎝上と覚えておきたい。

　魚もネットにピッタリ付いて泳いでいるわけではない。この位置にエサがあれば、一番底を泳いでいても目の前でエサをアピールできる。このタナを基本にして探り始めたい。

　底から50㎝の位置でアタリが出なければ、50㎝間隔でタナを上げていく。大抵の場合、底から1.5mくらいまででアタリが出るが、食いが悪い時などはモーニングラッシュで当たっていたタナまでの間を、エサをローテーションしながら探る。

●底のわずかな変化を探る

　中級レベルのテクニックとなるのが、潮の流れでできるネットのくぼみ、落ち込み際の段差をねらうこと。あまり潮の動きがない時には、わずかな底の変化にマダイが集まることが多い。

　しかし図を見ても分かるように、しっかりタナ取りをしないと図中①でいくら底を取っていても、潮の流れで仕掛が流されると図中②の位置では引っ掛かってしまう。底の微妙に違う所を探るには、絶えずタナ取りを使ってネットの浮き沈みを確かめる必要があるのだ。1m前後、上下に動いていることもよくある。

　ネットの落ち込み際（図中③）のタナ取りは、真上から仕掛を落とすと潮の流れでネットに引っ掛かる恐れがあるので、前に少し投げてから、ウキの位置をネット際まで持ってくるようにして探りたい。

　ここで注意したいのが、タナを取ったウキの位置となるべく同じ場所をねらうこと。落ち込み口はマスの中央に向かって深くなるので、少しウキの投入地点がズレても、水深が大きく変化してしまうからだ。正確に取ったタナでも、ウキの位置が変

マダイのタナの探り方

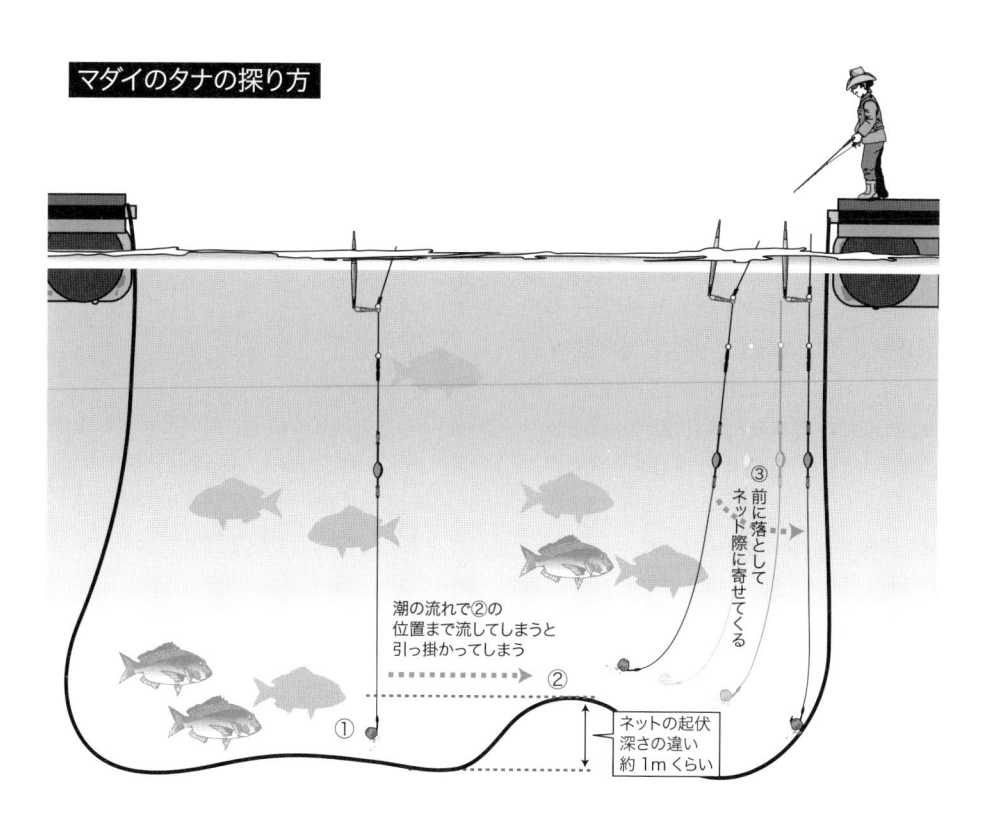

潮の流れで②の位置まで流してしまうと引っ掛かってしまう

③ 前に落としてネット際に寄せてくる

②

①

ネットの起伏深さの違い約1mくらい

マダイに的を絞って釣るなら、底を意識してタナを探ることが大切。わずかな底の変化でも魚が付いていることもある。

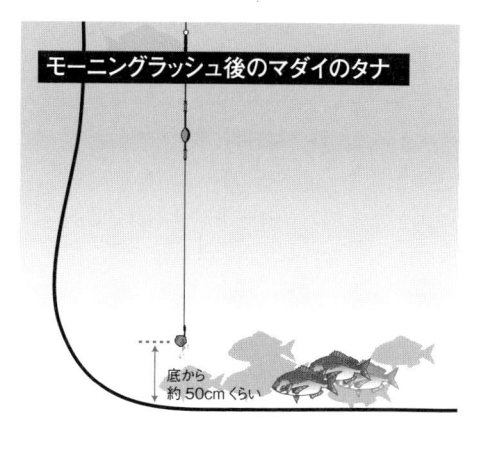

モーニングラッシュ後のマダイのタナ

底から約50cmくらい

われればエサの位置も大きく違ってしまう。

タナが変われば、食ってくる魚種も変わる。マダイ一本に的を絞るなら、タナ取りはしっかり、何度でも確認しなおすくらいの気構えが必要となる。

青もの タックル & 仕掛けの工夫

サオの見直しと仕掛けのバランス

船ザオの利用・ハリスの号数

　初級クラスを卒業した釣り人なら、青ものもかなりの数をゲットできたはず。魚の習性についても知識を得ていると思うので、ここでは基本的な事柄は省いて、少しこだわったタックルや仕掛けの話をしてみたい。

船ザオを選ぶなら、50号の6:4調子が快適にやり取りができ、適度な柔らかさもある

●50号の船ザオでもOK

　初級編で使っていたタックルを海上釣り堀で使っている間に、常連客のタックルとの違いが分かってくるはずだ。一番分かりやすいのがサオ。常連は海上釣り堀用ではなく、船ザオを使っている人が多いことに気づかされる。

　人それぞれ好みもあるが、海上釣り堀用の青ものザオは少し硬めに設定されているため、慣れた人には調子の柔らかい船ザオが好まれているのだ。しかしあまり柔らかすぎるのは禁物。やり取りの際、マスの中を青ものが走り回るので、ある程度の硬さがないと取り込みに時間がかかりすぎるし、周囲の釣り人にも迷惑になる。

　快適にやり取りができて、適度な柔らかさを考えると、船ザオでも50号の6:4調子がベストではないだろうか。

●ミチイトは細くしない

　マダイ同様、慣れてくると仕掛けを細くする釣り人も多いが、ミチイトはある程度強度（号数）のあるものにしておくほうが安全。何しろ青もの自体、大きな魚体で強烈な引きをみせるので、細いミチイトを使用して切られてしまっては元も子もない。

　ミチイトにナイロンを使用する場合は、イト自体が伸びるので、クッションゴムを付けない人も多い。PEなど新素材の場合、イトに伸び縮みがないので、ある程度の弾力性を持たせるためにもクッションゴムを装着したほうが安心だ。

●ハリスは素早く取り込める太さ

　仕掛けの中でも、人によって大きく異なるのがハリスの選択。太くて強いハリス（8号前後）で、ドラグを固く締めて一気に取り込む人もいれば、反対に少し細めのハリス（5号前後）で、ゆっくりサオの弾力を生かして取り込む人もいる。

　どちらの釣り方も、それぞれ好みとなるが、自分のタックルに見合った釣り方を選びたい。あまり硬いサオに細ハリスは危険だし、柔らかいサオに太ハリスでは取り込みに時間がかかり迷惑となる。

　おすすめなのは、少し硬めのサオで素早く取り込める仕様で、6～8号を基本にしたい。冬場のあまり活性のない時は、4～5号と細いハリスを選択する場面もでてくるが、号数を落とす場合は必ずそれに合ったタックルにすること。

中級・青もの一般仕掛け

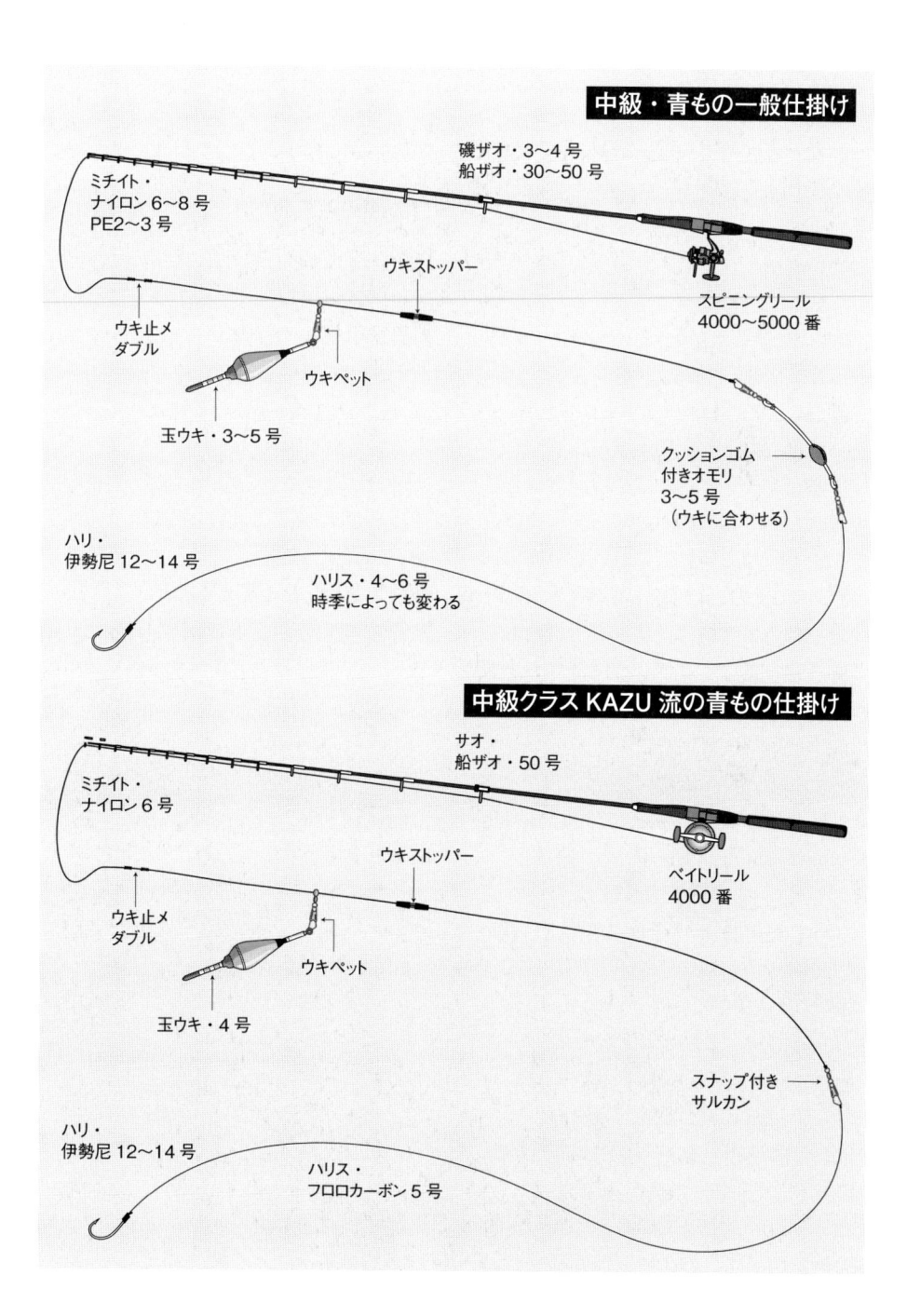

- ミチイト・ナイロン6〜8号 PE2〜3号
- 磯ザオ・3〜4号 船ザオ・30〜50号
- スピニングリール 4000〜5000番
- ウキ止メダブル
- ウキストッパー
- ウキペット
- 玉ウキ・3〜5号
- クッションゴム付きオモリ 3〜5号(ウキに合わせる)
- ハリ・伊勢尼12〜14号
- ハリス・4〜6号 時季によっても変わる

中級クラスKAZU流の青もの仕掛け

- ミチイト・ナイロン6号
- サオ・船ザオ・50号
- ベイトリール 4000番
- ウキストッパー
- ウキ止メダブル
- ウキペット
- 玉ウキ・4号
- スナップ付きサルカン
- ハリ・伊勢尼12〜14号
- ハリス・フロロカーボン5号

少しこだわったエサのローテーション
定番を意識しつつ、より多くのエサを試してみる

　青ものの放流直後、活きアジをハリ付けするのは定番だが、魚の切り身などの生エサでねらう釣り人もいる。初級編では定番のエサとそのローテーションを紹介したが、ここではランクアップしたエサ使いを解説してみたい。

●活きエサも2種類は用意

　放流された青ものはすぐにエサを捜して走り回る。逃げる小魚は確かにアピール度抜群だが、一方でこんな状況では自然に漂うエサに興味を示し、真っ先に食い付くことも多々あるのだ。これは釣り場に通い詰めてこその経験値としてみえてくる。

　青もののエサのローテーションはねらう魚種でも変化するが、「活きアジがあれば大丈夫」と考えている釣り人が大半だろう。しかし潮の状態や季節によっては、稚アユ、ウグイ、アマゴといった川魚が効果を発揮することもあるのだ。

　稚アユやウグイなど、キラキラした動きの速い川魚は、メジロやブリ、ヒラマサなどがよく食ってくる。アマゴなど色が黒く走り回らない小魚は、意外とカンパチに威力を発揮する。

　その魚種によって、エサの好みもかなり変わるので、活きエサも2種類くらいは用意しておきたい。

●目先をどんどん変えること

　青もののラッシュが終わり食いが止まったら、まずは活きエサから生エサへと

活きエサ

稚アユ。活きエサも潮の状態や季節によって川魚が効果を発揮することもある

ウグイ。稚アユやウグイなど、キラキラした動きの速い川魚はメジロやブリ、ヒラマサなどの食いがよい

アマゴ。色が黒く走り回らない小魚はカンパチが食いついてくることが多い

ローテーションしたい。これまで反応していた活きエサに見向きしなくなるのだから、同じエサを使い続けるのは時間の無駄だ。

目先をどんどん変えていくことが、釣果を伸ばすコツなのだ。もちろん、生エサだけではなく、活きエサと交互にローテーションして探ることで、青ものも必ず反応を示してくれる。

当たらないということは、青ものが求めているエサと違うエサをハリ付けしていることにほかならない。生エサ1つでもイワシとキビナゴでは色も違えば大きさも違う。切り身にしても、魚種で形も違えば臭いも違う。どれが正解かは、当日の状況次第で千差万別。だからこそ多彩なパターンを試すことが、青ものを1尾でも多く釣る手段となるのだ。

●**いろいろなエサを試したい**

マダイ釣りではダンゴ、シラサエビは定番のエサとなっているが、青ものにも効果がある。梅雨時期などにシラサエビで連発することもあるし、底付近ではカンパチも口を使うことが知られている。水温の変わり時には虫エサにもよく食いついてくるので覚えておきたい。

また、何を付けてもまったく反応しない時、大きく付けたダンゴに反応することも多々ある。

1つのエサに固執することなく、自分が持っていくエサをすべてハリ付けし、食いを確認するのも楽しい。エサのローテーションの知識として、引き出しの数を増やしていくことが大切だ。

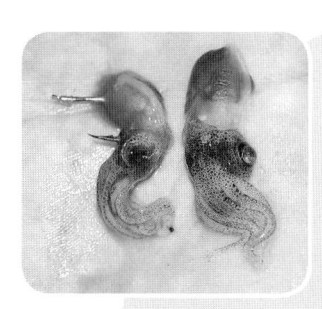

生エサ

生イカ。沖釣りでは青ものねらいの定番エサ。もちろん海上釣り堀でも食いが期待できる。目先を変えるためにも持参したい

イワシ。キラキラとした魚体は死んでいても青ものの目を引く。ぜひ持参してローテーションに加えたい

イワシ、サンマの切り身。放流直後の青ものが好んで食うこともあるので覚えておきたい

誘い
幅を大きく絶えず誘い続ける

　活きエサを付けていても絶えずサオ先を動かし続ける。マダイとは明らかに違う誘いを必要とするのが青ものの釣りだ。

●活きエサでも誘いは有効

　なぜ、自ら動き回る活きエサで誘いが必要になるのか⁉　放っておいても食ってくる状況ばかりとは限らないからだ。ハリに掛けられている活きエサは、青ものの気配を察知するとあまり動かなくなってしまう。

　そんな時、大きく誘うことで活きエサを動かして、いかにも青ものから逃げているように演出させると、青ものにより強烈にアピールするのだ。

　小魚の急な動きに青ものは敏感に反応するので、活きエサでの誘いは食い気を増幅させる効果も併せ持つ。また逆に、小刻みな誘いも試してみたい。小魚が海中で跳ねているイメージで、ルアーのように活きエサを動かすのも手だ。

●生エサは思い切って大きく誘い上げる

　生エサでの誘いは、絶えず動かすことに尽きる。切り身にしても、1尾掛けにしても動かすことで青ものにアピールしたい。誘い動かすことで、絶えずタナに変化を持たせることもでき、一石二鳥の効果が期待できる。

　生エサでの誘いは、大きくサオを振り上げて2〜3m前後上下させると反応してくることも多い。こんなに大きく派手に動かすと魚を驚かせてしまうのではないかと思えるが、そうではない。

青ものの誘いは釣果に直結する。エサを動かし続けた釣り人がトロフィーを手にできる

　その実例として、エサを確認するため仕掛けを巻き上げている時に食ってくることが挙げられる。「あれ、食った！」のイメージが強いが、ここに大切なヒントが隠されている。

　巻き上げ出してきて食ったということは、青ものよりエサが常に下に位置していたことにほかならない。誘いの幅に直結する動かし方が小さすぎたということでもある。巻き上げる時くらいの大きな動きを、誘いに生かすことが青ものにとっては、反応しやすいのかもしれない。

　また、大きく誘い上げた後、元のタナまでエサが落下していく動きにも、青ものの食い気を誘う効果があるので、少しインターバルを置いてアタリを待つことも必要だ。

青もの誘い方

大きく（2〜3m）動くくらい誘う

どこかで魚の層に入るので、底のほうから大きく誘いをかけてみるとよい

メジロ、ブリ、ヒラマサ

7m

9m

カンパチ

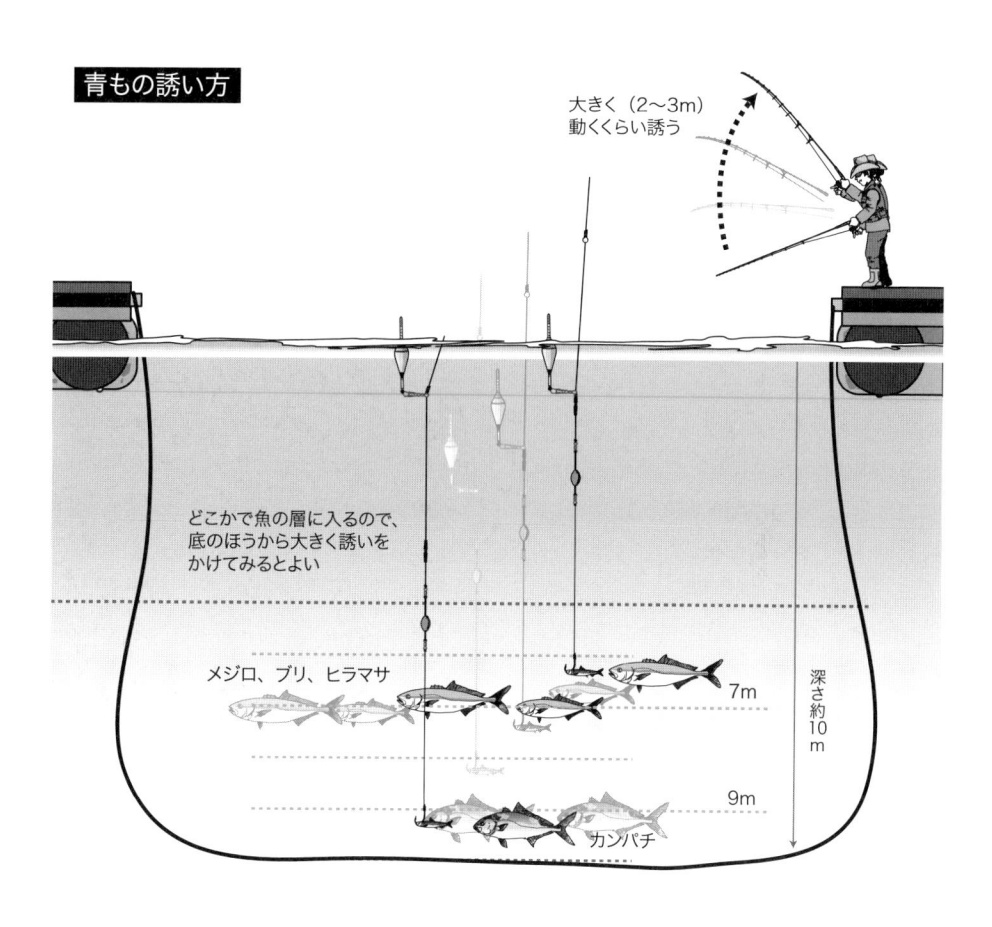

深さ約10m

サオを手に持ち、大きく誘いを入れた後にじっとサオ先を注視して当たりを待つ。この瞬間がたまらなくワクワクするのだ

タナの再調整
ラッシュ後にある隠されたチャンス

青ものはラッシュが終わるとマダイと同じように一度底へと潜ってしまい、食い気を出すまでに少し時間がかかることが多い。その間マダイねらいに切り替える釣り人が多いのだが、ある意味ではこの時こそ青もの最大のチャンスタイムと考えたい。マスの中は青ものをねらうエサが見当たらない状況で、自分1人でマス全体の青ものにアピールできることになるからだ。

●底から約2m上が基本

一度底に潜ってしまった青ものにどう口を使わせるか、どう誘い出すかは、タナの調整にかかっている。まず行ないたいのが、マダイ釣りでの基本と同じく再度タナ取りで底を確かめること。そして底から約2m上にタナを設定して、エサをローテーションしつつ探るのだ。

この時は、誘いを大きくしたい。というのは、エサを大きく移動させることで幅広く青ものが食うタナを見つけ出し、少しで

も反応が出ている層を直撃したいからだ。

　青ものの反応を見分けるためにも、数回続けてアタリがなければ仕掛けを回収してエサをチェックしてみたい。

　青ものは活性の低い時、活きエサや生エサを口にするものの、すぐに離してしまうことが多い。しかし、その痕跡はエサにしっかりと刻まれている。

　エサに歯形が残っていたり、小魚の場合は口に吸い込まれたことでウロコが逆立っていたりする。これを確かめられるかがポイントとなるのだ。

　痕跡が残っていれば、そのエサに反応している証。同じエサ、同じタナで誘いを加えてアピールしてみたい。

　キビナゴやイワシなどの生エサで釣っていると、ウキに変化が出るものの、合わせても掛からないこともある。そんな時は青ものが尻尾の部分だけを口にしていることが多いので、食い込むまで待つのも手だ。

●**活きエサの動きを制御する**

　底層をねらう上で、一番気をつけたいのがネットの存在。特に活きエサの場合は小魚が泳いで移動するので、ネットが少し浮いている所などに引っ掛かることも多い。

　エサ付けした小魚が少し大きいとか、元気がよすぎる時は、ハリ上に負荷となるビシ（ガン玉）を付けて、走り回らせないようにすることもある。

　底層に潜っている青ものも、時間帯や潮の流れによって上へ上へ浮いてくるので、底で反応がなければ、また上といったようにこまめにタナを移動させることも釣果を伸ばすコツである。

周囲がマダイねらいに切り替えた時こそがチャンスタイム。タナを再調整して青ものを直撃しよう

底付近で活きエサを泳がせる時、動き回るようであればハリスにビシを付け動きを制御する

103

KAZUまとめ

青もの釣りは奥が深い！

青ものは日によってかなりムラがあるので、ある程度釣りが分かってきても当たり外れが多い。中級クラスや常連の方でも「今日は青ものが当たらなかった」という人はたくさんいる。

しかし、潮の流れや天候、水温、季節といった自然の変化との関係を理解できるようになると、「今日はこの青ものを釣ろう」というように、ある程度ターゲットを絞り込める。

「海上釣り堀は行けば釣れる」「魚が入っているのだから釣れる」そんな気軽さも確かに大きな魅力の1つだが、経験を積んできたらもっと積極的な釣りにシフトしていきたいものだ。釣り場の状況をよく観察してターゲットを絞り込み、その日の釣りを組み立てていくことでねらった魚との距離はかなり近づいてくるはずだ。

自分の周りにもヒントがある。隣の方が青ものを釣ったら、「エサは何を使われているのですか？　タナはどれくらいですか」と聞くだけでも得るものは大きい。

青ものねらいの人は、マスの真ん中に向けて絶えず仕掛を投入してしまいがち。人が多い時は譲り合いの気持ちも忘れずに、少し控えて迷惑にならないように。

限られた場所で釣りをするのだから気配りとコミュニケーションを円滑にして皆で楽しもう。

メジロとブリ

釣り座のすぐ手前でも青ものは充分当たることだってある。放流直後のアタリが止まり、皆がマダイ釣りにシフトすると青ものはイケスの外側を走り出す。メジロは特にそうで、中層から上層にかけて走り回るのが見え出したら、今までの経験と腕の見せ所。走っているタナをピンポイントで捜してエサをチラつかせ、メジロにアピール。この時も忘れてはならないのがエサのローテーション。魚影が見えている＝メジロが回って来た時近くにエサがあれば何らかの形で反応しているのが確認できる。回遊コースから少し外れてエサの近くまできた場合、エサは合っている。あとは誘い方が少し足りないとか、見ていると魚の行動がだんだん分かってくる。

メジロの群れにブリが混じっていることもよくある。ブリは魚体が大きいぶん口も大きい。群れの中のブリをターゲットにするのであれば、メジロねらいより少し大きめのエサにするなどして積極的なねらい方をすれば、結果もついてくるはず。よくブリねらいの人が「メジロしか食ってこない」「ブリは釣れない」と嘆いているのを耳にするがそれは違う。ブリに合った釣り方をしていないから食ってこないのだ。メジロが食った時点でブリにはエサが違うと気づくことが大切だ。

1魚種ずつ青ものの釣りを攻略していこう！

ヒラマサ

　この魚は魚体をあまり見せない。マスの中にメジロやブリが見えていてヒラマサが見えない＝メジロの群れより下にいる。ヒラマサは青ものの中で一番警戒心が強い魚と覚えておいていい。メジロの群れの下には必ずといっていいほどヒラマサがいる。そして下にエサが落ちてくるのを待っている。一度自分の縄張りにエサがくると、本来のどう猛さを発揮して捕食にかかる。船や磯釣りでは「海のスプリンター」と称されるほどで、ハリ掛かりすると、その瞬間からものすごいスピードで走り回る。早めに「青で〜す」のかけ声が大切。せっかくのヒラマサ、絶対におマツリはさせたくない。

カンパチ

　KAZUにとって一番謎が多かった魚種。この魚をねらって食わせるには、やはり経験がものをいう。メジロやヒラマサとも全く習性が異なる青もので、放流数と釣果が一致しないことが多い。自然界では岩礁や漁礁の底のほうにいることが多く、マスの中でも底のほうでよく食ってくる。しかし、意外に「メジロ・ヒラマサの少し下」と思いがちな人が多いのではないだろうか。

　マダイねらいでカンパチが食ってくることがある。当然ハリス切れが多いが、マダイ＝底＝カンパチ＝エサも同じでOKという図式が成り立つ。マダイの仕掛けに食ってくる状況では、虫エサ・シラサエビ・アオイソメなどにも反応しやすいのだろう。どう猛な魚なので、底に生きているエサがあれば口を使うのかもしれない。

　生エサ、切り身の場合、少々大きくても食ってくることがよくある。活きエサ（小魚）で底をねらうと確率は上がるが、どうしてもネットが気になる。ハリスの長さには気をつけること。

　青ものといっても、魚種が変わればこれだけ違いがある。それらを1魚種ずつ攻略していくと、青もの全体のエサ・誘い方が分かってくる。次回釣行時には、ターゲットを青ものの中から1魚種に絞り込んでねらってみよう。

魚種別攻略法
シマアジ

釣りをしない方でも知っている高級魚のシマアジ。海上釣り堀での平均サイズは800g〜1.3kg

エサを吸い込んでは吐き出す

　海上釣り堀第2の本命といってもいいシマアジ。釣りをしない人でも一目瞭然の高級魚がマスの中を泳ぎ回っているのだ。

　シマアジを専門にねらう方もいるが、これはなかなか冒険の釣りである。アタリが出だすとよく食ってくるが、潮読みとタナを間違えると1日中1尾も当たらないことも……。

　シマアジは近年人気が高くなり、釣り場によってはシマアジ専用のマスを設置しているところもある。その場合、高級魚オンリーのため料金は少しアップ。その代わりしっかりとキャッチしていけば、1人で10〜15尾という釣果もまれではない。型の平均は800g〜1.3kgで、中には1.5kgを超える大きなサイズもいる。

　もちろん一般のマスにもたくさん放流してあるのだが、複数の魚種の中からシマアジ一本ねらいというのは、マダイが先に食ってきたりするのでなかなか難しい。シマアジをメインターゲットにする場合は、エサも仕掛けも専用のものを1つ作っておくとよい。

　アジ科のシマアジは群れで行動するため、海上釣り堀では「1尾釣れれば2尾取れる！」。同じ所に必ずまだいるので1尾目は特にバラさないよう慎重にやり取り

すること。
　シマアジの特徴をここでもう一度整理しておこう。
- 肉眼でも見える上層に群れていることが多い。
- 警戒心が強く、目もよい。
- あまり変化のある物には興味を示さない。
- 口が弱いので強引にやり取りすると口切れを起こす。

　また、水温が上昇している夏場などには、マスの真ん中辺りで群れてグルグル回っていることがある。自然の釣り場ではよく「見える魚は釣れない」などといわれるが、海上釣り堀でのシマアジの場合は反対で、「見えているから釣りやすい」。その辺りを少し詳しく解説してみよう。
　まず、シマアジはサイズのわりに口が小

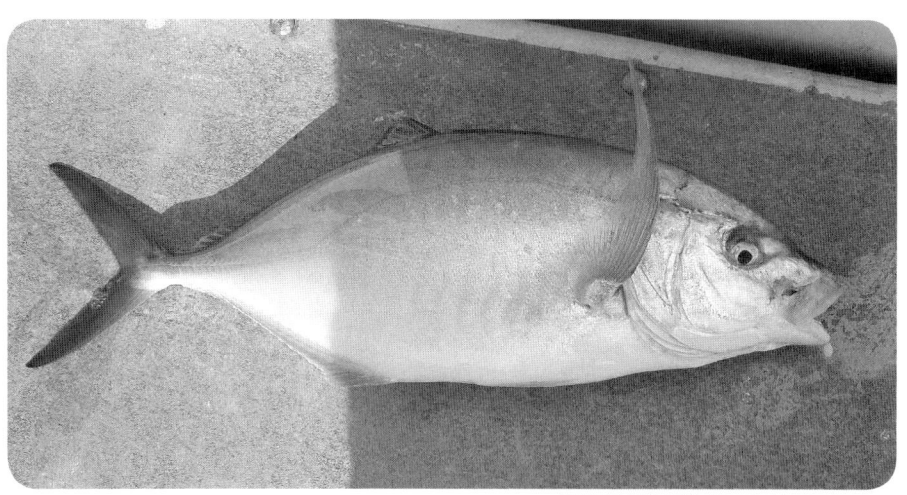

細長く切れ込んだヒレと、意外に小さな口。攻略のヒントは外見にもある

ウキは魚がエサを食った時に抵抗を感じにくいスリムで小さな棒ウキが有利

時にはこんなビッグサイズが食ってくることも

さい。したがってメジロやブリなどの青ものような感覚ではエサ選びができない。

次に、回遊魚特有の細長いヒレ。掛けると走り回る力が強く、あまりハリスを細くできない。そしてシマアジは目がいい。ここが悩むところ。

見た目で分からない習性としては、シマアジは一度くわえたエサをすぐに吐き出す。食い気が立っている時は一気に食うのだが、1日を通してその時間帯は長くない。何しろ警戒心が強いので、周りでマダイなどが上ずりだすとすぐに真ん中で固まり、泳ぎがゆっくりになってしまう。これは警戒気味の合図だ。

吐き出したエサに違和感がなければもう一度吸い込む。ダンゴエサなどでは何度もそれを繰り返し小さくなったところで飲み込むようだ。

仕掛けの調整とエサ

●ウキ

まずは仕掛けを調整する（図）。マダイの場合（仕掛）少々大きな仕掛けでもアタリは取れる。シマアジの場合は上記したとおり捕食の仕方が違うので、それに合ったものに変えるだけでOK。見て分かるように、タイとの違いはウキ・ハリスだけ。そして一番重要なのがそのウキ。小さく吸っては吐くアタリをとらえる感度のよいウキが必要になる。シマアジは敏感なため、エ

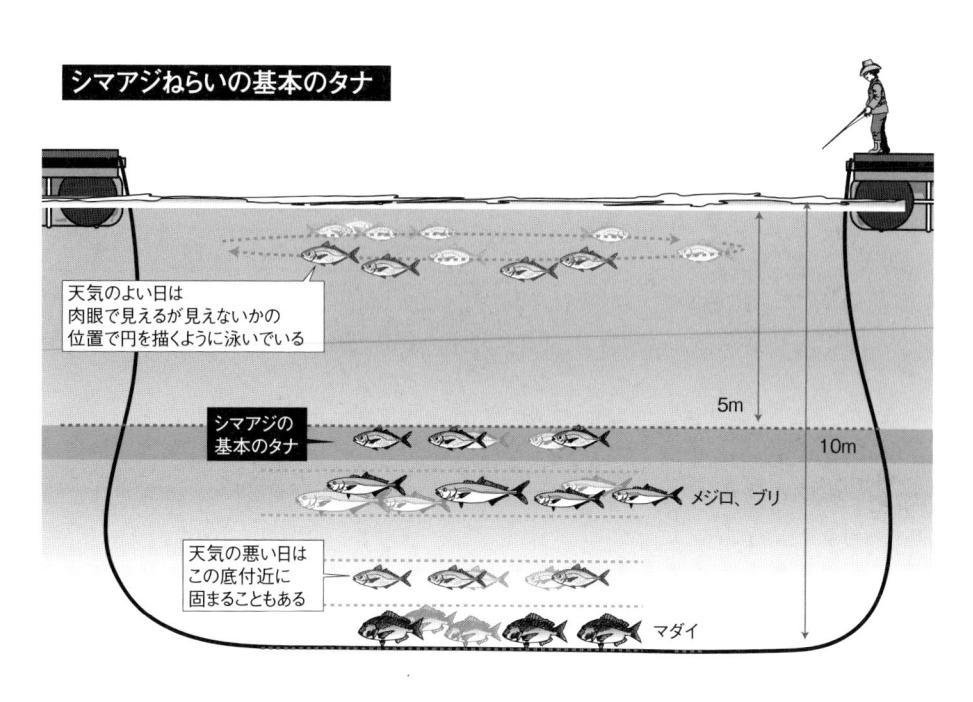

シマアジねらいの基本のタナ

天気のよい日は
肉眼で見えるが見えないかの
位置で円を描くように泳いでいる

シマアジの
基本のタナ

5m

10m

メジロ、ブリ

天気の悪い日は
この底付近に
固まることもある

マダイ

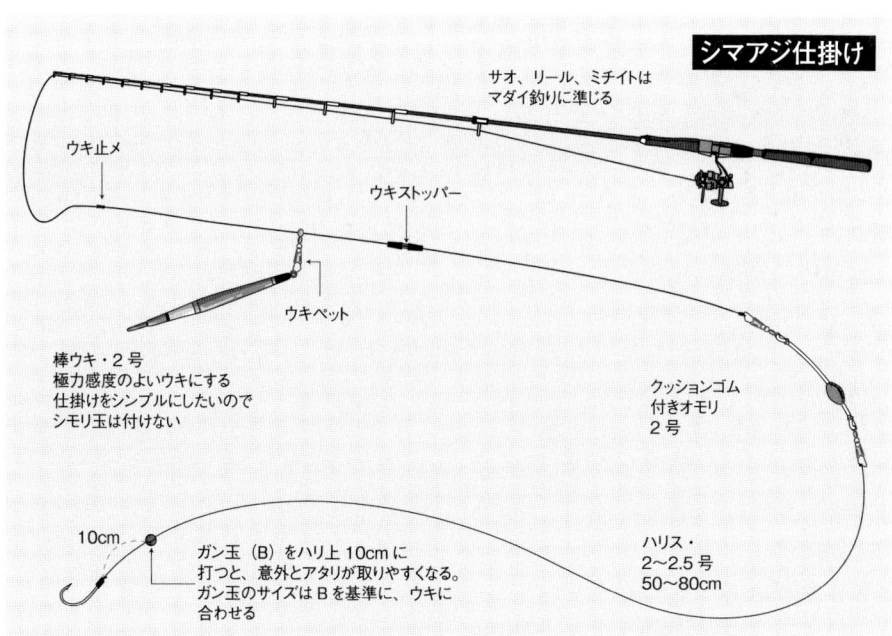

シマアジ仕掛け

サオ、リール、ミチイトは
マダイ釣りに準じる

ウキ止メ

ウキストッパー

ウキペット

棒ウキ・2号
極力感度のよいウキにする
仕掛けをシンプルにしたいので
シモリ玉は付けない

クッションゴム
付きオモリ
2号

ハリス・
2〜2.5号
50〜80cm

10cm

ガン玉（B）をハリ上 10cmに
打つと、意外とアタリが取りやすくなる。
ガン玉のサイズはBを基準に、ウキに
合わせる

サを吸い込んだ時にウキの浮力で抵抗を感じるとすぐにエサを離して興味を示さなくなる。そのため極力抵抗の少ないサイズの小さな棒ウキがよい。

● ハリス

掛けると走り回るので細ハリスを使うのは勇気がいる。しかし目がいいだけに、マダイと同じ感覚だとなかなか食ってこない。シマアジねらいなら、思い切って2～2.5号にしてみる。そしてリールのドラグを緩めに調整しておき、軟らかめのサオを使うことでイトの細さを補えばハリス切れの心配は少なくなる。

シマアジは横走りをすることが多い。掛けた魚が左右に走りだしたら左右の方にシマアジかもしれないことを伝え、オマツリを防ぐようにしよう（シマアジも青ものの仲間だが、「青です」の掛け声は行わない）。オマツリで仕掛けを切ってしまうよりも隣の方にも少し協力していただき、確実に取り込んで、同じ所で連続ヒットさせるのがよいだろう。

● エサ

定番中の定番は生ミック、マダイイエロー、マダイスペシャルなどといったダンゴ系。

時期によっては、活きエビ（シラサエビ）もシマアジねらいには欠かせない。口が小さいからといって、あまりにエサが小さすぎると興味を示さない。生ミックなら2粒くらいがベスト。メーカーによってダンゴの大きさも違うので注意したい。

シラサエビの場合、尻尾にチョン掛けがよい。尻尾に掛けてハリから長くすると、一、二度吸っては吐かれても殻があるのでハリから外れず、三度目あたりでシマアジが吸い切った時にハリも一緒に口に入る。

群れているシマアジの誘い方

走り回っているシマアジの群れに仕掛けを直接投入すると、警戒してその場からスッといなくなってしまう。シマアジを見つけたら、まずどちらに回っているのかを確認しよう。

図のように時計回りに回っている場合、仕掛は必ず①のところに投入する。警戒心が強いので決して輪の中には投げないこと。①に投入したら、②のところまで焦らず、ゆっくりエサがごく自然体のように引っ張ってくる。この時、群れの輪から1～2尾スーッと出てくるシマアジがいたら、必ずといっていいほどエサを食ってくるので集中しよう。魚にとって群れの中から出るということは、危険を感じてもエサにありつきたい証拠だ。もしも食ってこなくても数回試してみることが大切。

逆に、見えていない中層にいるシマアジをねらう時には、誘いをあまり大きくしないほうがよいだろう（小さく、ゆっくりのほうが警戒しない）。

シマアジをねらうには、仕掛自体を見えにくく、エサもごく自然体に。この2つを心がければOK。そしてシマアジ釣りをマスターすることによって、海上釣り堀での技術はかなりレベルアップできる。

群れているシマアジの誘い方

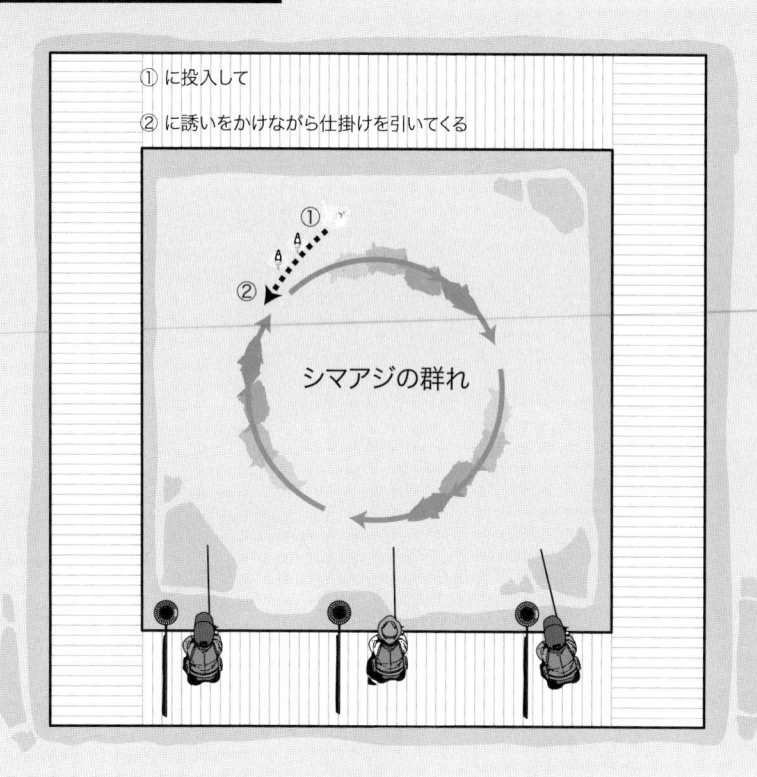

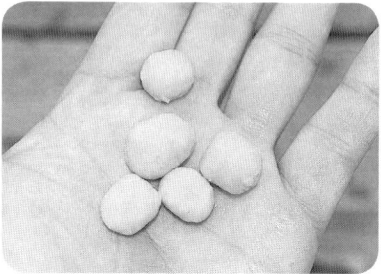

① に投入して
② に誘いをかけながら仕掛けを引いてくる

シマアジの群れ

ダンゴエサは製品によって大きさが異なるので注意

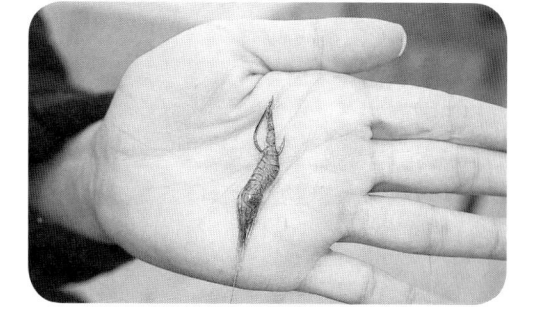

シラサエビは尻尾にハリを刺す

魚種別攻略法
イサキ

イサキは手軽なターゲット。当たりだすと数が釣れるのもうれしい

　梅雨を代表する魚、イサキ。身質はあっさりで美味しくいただける。自然の釣り場では、船や磯から数釣りを楽しめるターゲットの代表選手でもある。海上釣り堀でもイサキは同じように数釣りを楽しめ、小さな子供にもおすすめだ。

　イサキは中〜上層にかけて群れているので、当たり場所さえ見つければ1日中同じ所で食ってくる。マスの中は底に行くとどう猛な魚がいるので、イサキはあまり泳ぎ回らずコーナーなどに群れでかたまっているのを見かける。そして、潮が利いてなくても頻繁に食ってくる。

仕掛けの調整等

　1尾当たったら、アタリが止まるまで挑戦し続けることがそのまま釣果アップにつながる。マダイの仕掛けのまま釣る人も多いが、シマアジのようにあまり目のいい魚ではないので、仕掛けの細部を気にしなくても大丈夫。エサと誘いで食わせられる魚だ。もし、仕掛けを工夫したいのなら、マダイ釣りの仕掛けをベースに、ハリスとハリを少しだけ細く小さくするとよい。ハリを小さくするのはイサキの口に合わせるためで、ハリスを短くするとアタリが取りやすくなる。イサキはエサを口にした後走らないので、マダイのようにハリスが長いとウキにアタリが出ないことが多いのだ。マダイの約半分、50cmが確実にウキにアタリが出るハリスの長さだ。

●エサ

エサは、やはりオキアミ、ダンゴ。この2種類が1番の当たりエサ。ダンゴは小さく、生ミックなら1粒くらいがベスト。オキアミにしてもコツコツのアタリなら、尻尾の部分を半分にカットして、ハリが隠れるように付けるとよいだろう。

●誘い

一度当たったら同じ場所の上からエサをゆっくり落としていく。ミチイトを少し張った状態で落とすほうがすぐに当たってくるので、仕掛を一気に投入するのは避ける。イサキは臆病な魚なので、びっくりすると別の所に逃げてしまう。ゆっくり落としていき、ゆっくり上下に20〜30cm誘えば充分だ。

潮下のネットのたるみのある中層辺りにかたまるので、そんな場所を見つけたら、イサキねらいをしてみるのも楽しみ。

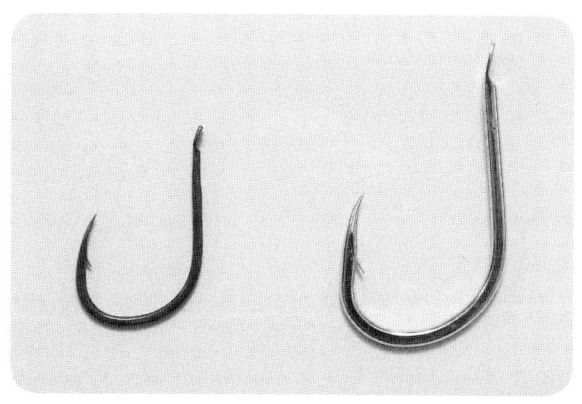

口の小さなイサキに合わせてハリを小さめにすると食いがよくなる。マダイ用（右）と比べてみてほしい

オキアミをエサにする場合、状況によっては尻尾を切ってハリ付けする

親子で力を合わせて釣果を伸ばそう

魚種別攻略法
イシダイ・イシガキダイ

繊細で釣るのが難しいイシダイ

イシガキダイ。ベテランでも釣れるとうれしいターゲット

　常連客にも人気の高いイシダイ＆イシガキダイ。マスの中にはこんな高級魚まで入っているのだから本当にオイシイ、ありがたい話。しかしこの2種類は、海上釣り堀のターゲット中、釣るのが一番難しい（特にイシダイ）といっても過言ではない。

　マスのコーナーやネット際で、イシダイ、イシガキダイが泳ぎ回る姿をよく見かける。これはネットに付いている小さな貝や虫などを捜して近くをうろうろしているのだ。ところがそこにエサを落としてもなかなか食ってこない。それほど繊細な魚だ。そして目がいい。歯が鋭い。動きは機敏。

仕掛けの調整等

　磯のイシダイ釣りといえば、大きなハリにワイヤー仕掛け。しかし海上釣り堀ではそうもいかないので、マダイの仕掛けをアレンジすることになる。太めのハリスにはあまり食ってこない。いくら大好物のエサと分かっていても、ハリスが見えていると見向きもしない。マダイねらいで4号くらいのハリスなら3号、もしくは2.5号まで落としてみる。次にハリ。歯が鋭いので飲み込まれるとハリス切れを起こす。防止策として同じ号数でも軸の長いタイプのハリ型を選ぶとよい。意外にも数mmの違いで飲み込まれるのをかなり防ぐことができる。また、イシダイ＆イシガキダイはコツコツ、コツコツと歯でエサを小さくしてから捕食するので、ハリの軸が長ければすぐにエサを取られてしまう心配もない。

　ネット際で見えている魚を釣るのは難しいと前記したが、イシガキダイはイシダイほど警戒心が強くないので、見釣りでねらうことになる。そのためエサを食ったのをしっかりと見て合わせられれば、飲まれてハリス切れを起こす心配が少ない。

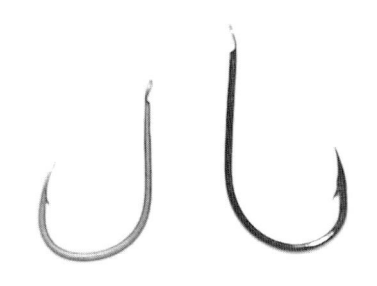

ハリは軸の長いタイプ（右）でハリス切れを防ぐ

釣り場によっては磯釣りでイシダイの外道として知られるサンノジも放流している

イシダイの場合は、見えている魚はあきらめて最初から底付近を意識した釣り方をするのが賢明だ。

●エサ

イシダイ、イシガキダイとも、基本的に虫エサ・生エサ（貝類）しか食ってこない。なかでもアオイソメ、ボケ、カニが定番。アオイソメの場合は、アピールするために房掛けでチョン掛けにして、長くクネクネさせるとよい。

ボケの場合、尻尾から縫っていく感じで、ハリ先だけを少し出しておく。爪の動きでイシダイに目を向けさせよう。

カニ。これは一番の大好物。しかし、ただ付ければよいわけではない。死なせないように足の部分からお尻の真ん中あたりにハリ先を抜き、海中で元気に動くことが肝心。それ以上深く掛けるとカニがすぐに弱ったり死んでしまうので注意したい。

また、冬場から春先などにかけては虫エサに反応が弱く、イガイでよく当たるので、イシダイねらいの方は事前にエサの確保を確実にしておくとよい。虫エサが悪い時はイガイ。生のイガイを忘れずに。

●イシダイ、イシガキダイの定番エサ

アオイソメは長く付けて動きで誘う

ボケは爪の動きがキモ

カニも動きが大切

虫エサが利かない時の切り札がこのイガイだ

115

魚種別攻略法
クエ（クエハタ）

冬の海上釣り堀を盛り上げてくれる高級ターゲット

1つのマスにあまり量は入らないが、「これ1尾釣ったらあとの魚はいらない」という人も多数。それほどの高級魚・冬の王様。クエといえば、誰もが釣ってみたい底もの魚。

口は大きく、活きエサをひと口で飲み込んでしまうどう猛さ。特に潮が利いていて活性化している時は、エサを丸呑みした瞬間に鋭い歯でハリス切れを起こすことも多い。

仕掛けの調整等

マダイ釣りをしていて釣れたということもよくあるが、何しろ底もので大きいので、しっかりとした仕掛けで臨んだほうがよい。具体的には、青もの用タックルをそのままで、タナを底に変える。ハリスはある程度の太さがないと歯にこすれた時に簡単に切れてしまうので、最低でも5号を用意したい。

クエはねらって確実に釣れる魚とは言いがたい。根気のいる釣りだ。底層でじっとしているところを想像して、底辺を活きエサで探るのがベスト。ネット際に身を潜めていることもあるが、その場合はネットに注意。

また、活きエサが走ってネットに引っ掛からないように、ハリスを50cmほどに短くしたほうが釣りやすい。

●エサ

活きエサ・生エサのローテーションが必要。生エサの切り身（イワシやキビナゴなど）でねらう方も多い。活きエサ（小アジやイワシなど）や生エサで当たらなければ虫エサも時には有効で、アオイソメの房掛けという手もある。

底ものは何でも食う大魚というイメージもあるが、しっかりとエサを決めてねら

まさにモンスター

クエ（クエハタ）は50
〜60㎝までのサイズ
が多い

うと、釣りの組み立てが具体的になり、根気はいるが、なかなか面白い釣りを楽しめる。

　エサを口にするとその場であまり動かない。ということは、アタリがあまりウキに出ないので、「あれ？　重いな」と感じたら必ず一度合わせてみることが大切。

　また、「底もの」といっても底ばかりにいるわけではない。ネットに沿って底〜中層の間を動いているので、タナは常時変えていこう。

KAZU ワンポイント

クエ？クエハタ??

　海上釣り堀では場所によって「クエ」「クエハタ」の両方で呼ばれるためややこしいのだが、分かりやすくいうと「クエハタ」は大きくても50〜60㎝止まりの養殖種を差していることが多い。それ以上の大型になると、本来のクエの養殖もの。どちらも憧れの底もののターゲットだ。

117

魚種別攻略法
ヒラメ・クロソイ

堂々のサイズ（左）。
エンガワ何人前?!

「底ものだからクエやハタと同じじゃないの？」と思いがちだが、魚が違えばやはり釣り方にも差が表われる。

確かにクエをねらっていて、同じ底にいるヒラメが釣れたというケースは実際にある。しかし、このヒラメもエサを捕食する時には底から離れてエサを目がけて飛びついてくる。天気がよく水温が安定している時には、水面近くまで泳いで浮いてくることさえもあるほどだ。

●ヒラメ

仕掛けはクエを基準に考え、基本は底ねらいなのでハリスはマダイよりも短く。ヒラメは口が大きいので、ハリには神経質になる必要はない。

エサは、ヒラメ釣りといえば活きイワシがよく知られているが、なかなか手に入れるのは難しい。海上釣り堀では活きアジが無難といったところだろう。

次にくるのはイワシの切り身や、冷凍キビナゴといった生エサ。これらも当たる確率は高い。活きアジは走り回るので生エサがいいという釣り人も多い。

タナは底から30㎝〜1mを切ったあたりで、エサを潮に自然に乗せて、周りの人に邪魔にならない範囲で流すとよい。

少し流しては誘いをかけて、また流す。ヒラメ・クロソイねらいではこの動作を繰り返す。あまり無理に誘いを掛ける必要はない。食い気のある魚は下からじっとエサを見ていて少しの動きも見逃していないはず。活性化するタイミングをみながら同じ誘いでじっくりとねらおう。

●クロソイ

ソイを釣りたい方は、必ずキビナゴをたくさんもっていこう。クロソイは当たればイサキと同じで数釣りができる魚。見た目は少しグロテスクで、顔色（？）も悪い。し

マイワシ。1尾掛けにはこのくらいのサイズがよい

活きアジ

カタクチイワシ。ヒラメねらいにはこちらのほうがよりおすすめ

冬場の人気ターゲット、クロソイ

クロソイを釣りたいのならキビナゴは必携

　かし自然の釣り場ではロックフィッシュのターゲットとして人気があり、釣りものとしては面白い魚だ。また、食べると白身でとても美味しい。

　ソイは同じ所に群れていることが多く、1尾が捕食を始めるとあちこちでいっせいに食いだす。

　大きな口を開けてエサをひと呑みにしてしまうので、ウキが一気に消し込む。数釣りを意識するならハリスは3号で長さを30cmと短めにするほうがよい。

　エサは魚の切り身なら何でもよいが、いち早く目に付かせるにはキビナゴのキラキラ感が利く。イワシのように大きすぎると1回で食いきらないので、その点からもキビナゴサイズがベスト。また、シラサエビでねらう人も多い。

　クロソイは、ネットの少しのたるみなど凹凸のできている所には必ずといっていいほどいる。タナ取りをしてからそんなスポットをねらうと楽しい釣りができる。

　最後に、クロソイは冬の魚種なので季節限定扱いの釣り場がほとんど。詳しくは各釣り場にたずねてみたい。

上級者への扉
ズボ釣りにチャレンジ

繊細な穂先のさぐりザオと両軸リールの組み合わせでえねらう

ウキを外してサオ先でアタリを取る

　本書では海上釣り掘の主流であるウキ釣りを取り上げて解説してきた。

　ウキ釣りがある程度マスターできたら、今度はウキを外し、サオ先でアタリを取る「ズボ釣り（ミャク釣り）」にチャレンジしてみよう。これはチヌ（クロダイ）の落とし込みやイカダの釣り方を利用したものだ。最近では、自分なりにさまざまなスタイルでズボ釣りを楽しんでいるベテランも増えてきた。

　釣り具メーカーからも、海上釣り掘用の「さぐりザオ」が市販されている。アタリを取るための繊細な穂先と、視覚効果を高めるために穂先が見やすい色になっていたりするのが特徴だ。2〜2.7mのイカダザオを使用するベテランもいる。1つ注意したいのは、サオが長いと手前を釣りたい時にそのぶん下がらないといけないので、自分がねらいたい場所に合った長さのサオを選ぶようにしよう。

　リールは、細かいイトの出し入れを行なうため、スピニングではなく両軸かタイコリールを組み合わせる。

　ズボ釣りは、ウキにアタリが出にくい状況（アタリが小さい）や、タナを自由自在に変えながら魚を捜していくのにマッチした方法だ。仕掛けには図のように、ウキや重いオモリなど、魚に違和感を与える物が何もない。

　小さなオモリとエサの重さで仕掛けを沈めていきイトを張り、魚がエサをくわえた時にはサオ先にダイレクトにアタリが出る。

　アワセはサオ先の押さえ込みと自分の感覚だけで行なう。繊細・微妙なこのアタ

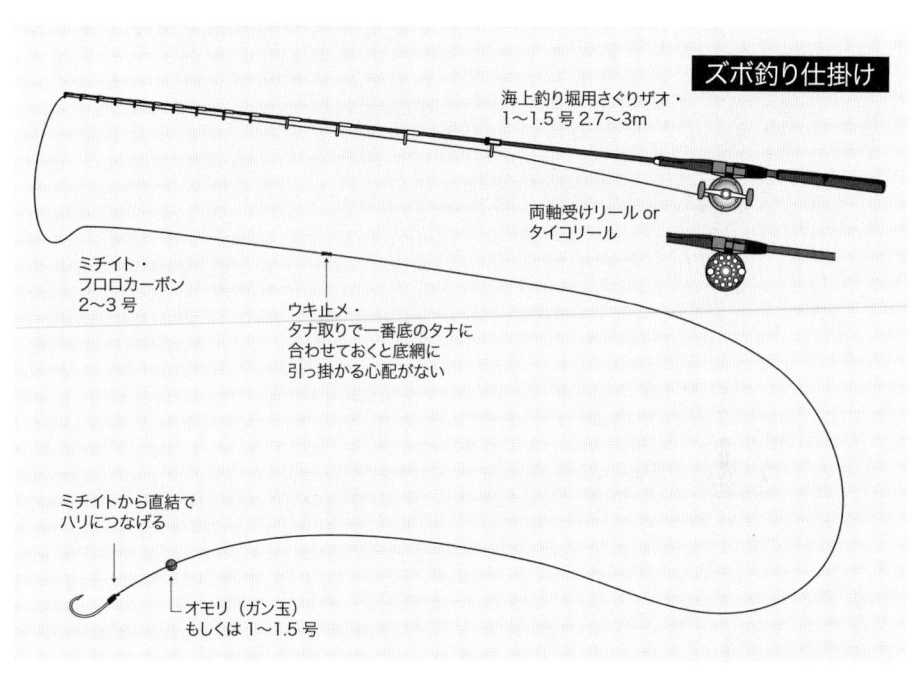

ズボ釣り仕掛け

海上釣り堀用さぐりザオ・
1〜1.5号 2.7〜3m

両軸受けリール or
タイコリール

ミチイト・
フロロカーボン
2〜3号

ウキ止メ・
タナ取りで一番底のタナに
合わせておくと底網に
引っ掛かる心配がない

ミチイトから直結で
ハリにつなげる

オモリ（ガン玉）
もしくは1〜1.5号

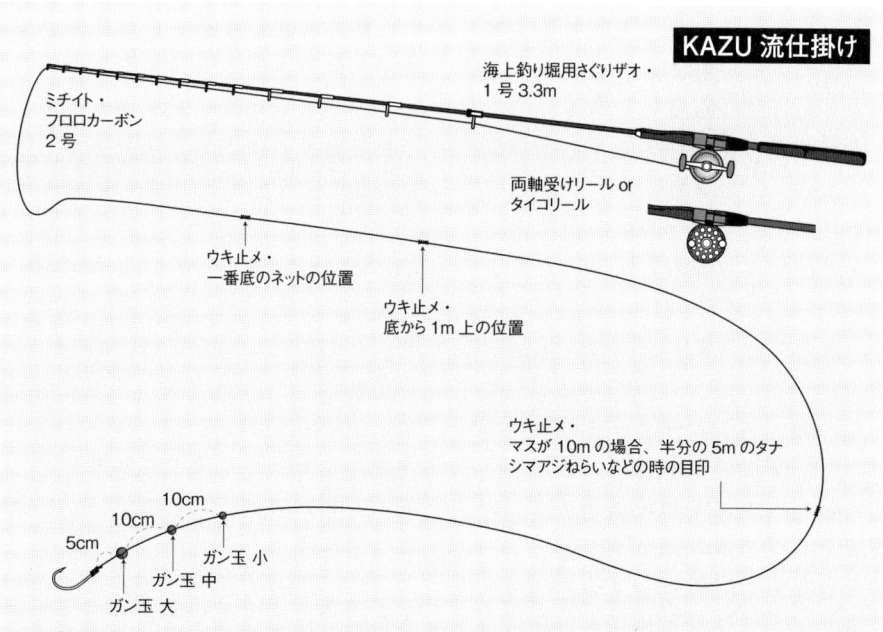

KAZU流仕掛け

海上釣り堀用さぐりザオ・
1号 3.3m

ミチイト・
フロロカーボン
2号

両軸受けリール or
タイコリール

ウキ止メ・
一番底のネットの位置

ウキ止メ・
底から1m上の位置

ウキ止メ・
マスが10mの場合、半分の5mのタナ
シマアジねらいなどの時の目印

5cm
10cm
10cm

ガン玉 大
ガン玉 中
ガン玉 小

サオ先に伝わるアタリで取った1尾には新しい感動と喜びがある

タナを自在に探れるメリット

ズボ釣りで一番多い仕掛けスタイルが前頁上。いたってシンプルで繊細なものだ。釣りを成立させる必要最低限のパーツしか付いてないので、魚がエサを食った時にほとんど違和感がないことが分かる。また、ハリスを使わずミチイトをハリに直結するため、イトの強度を存分に引き出せる。したがって少し細イトを使うことができる。

前頁下はKAZU流仕掛け。先の仕掛けよりもミチイトの号数を落とし、ウキ止メを最初から複数のタナ用にセットしておくことでよりスムーズに各タナを探れるようにしている。オモリも最初はガン玉大1個から始めて、状況に応じて1つずつ追加していく。

ウキ釣りの場合、タナを探るには必ずウキ止メを動かさなければならない。食ってこないぞ、おかしいなと思った時、タナを変えようとすればエサが残っていてもイトを一度巻き取る必要がある。ズボ釣りにはこの作業がない。したがって周りの人よりもいち早くタナを探れるというメリットがある。リールのイトを少し出し入れするだけで幅広いタナにエサを持っていくことが可能なのだ。

仕掛けを落とし込む際には、オモリ（ガン玉）とエサの重さだけで行なうため、ある程度潮流がある時は少し重めのオモリにしないと流されてネットに引っ掛かる恐れがある。

魚がエサをくわえると、サオ先に何らかのアタリが出る。これをキャッチするためには絶えずサオ先を見ていなければならないので、ウキ釣りよりも集中力と根気がいる。サオを持つ手をあまり動かさないことも大切だ。

●具体的に有効なシチュエーション

すべての放流が終わって海中が落ち着いた時、魚の食いが止まった時、目の前をシマアジが輪になって泳いでいる時などに、ズボ釣りはかなり有効。特に食い気の止まったシマアジには細イト、抵抗の少ない仕掛けが利く。

マスのコーナーなどでズボ釣りをすると、意外にもタイがかたまっていたということがある。ウキ釣りでアタリが止まる→コーナーでズボ釣りと切り替えるのもよいだろう。

エサを自作してみよう
オリジナルレシピで楽しさ倍増

市販の生エサに少し手を加えるだけでエサのレパートリーが増える。エサ作りも釣りの楽しみの1つだ。簡単なので気軽に試してみてほしい。

【黄色ササミ・にんにく味】

生エサの定番の1つ、ササミをアレンジしよう。

用意するもの
- 鳥のササミ1パック（約2～3本入り）
- 食用色粉（黄色）
- ガムシロップ（ハチミツ）
- ニンニク（チューブタイプ）この4つを用意する。

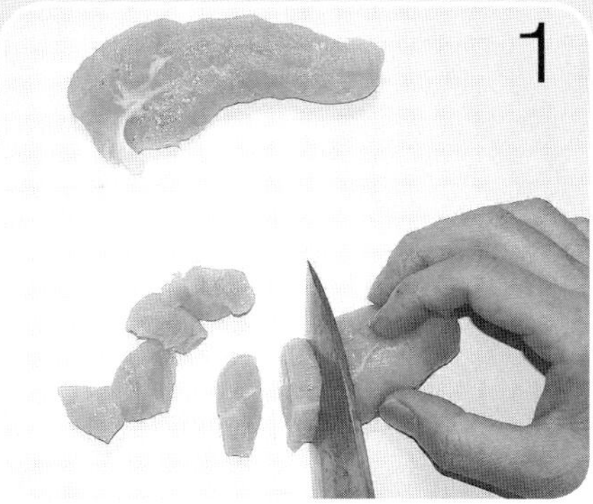

1 ササミをマダイのひと口サイズにカット

2

3 カットしたササミを容器に入れ、食用色粉（黄色）小さじ約半分、ガムシロップ大さじ3杯、にんにくを小量混ぜる。あまり少なく作ると匂いや色が強くなりすぎるので注意

4 容器の中で混ぜ合わせる

5 色が均等約になったら3日間漬け込んで出来上がり

【生エビの卵黄漬け】

用意するもの
- 殻付き生エビ
- 卵黄
- 食用色粉（黄色）

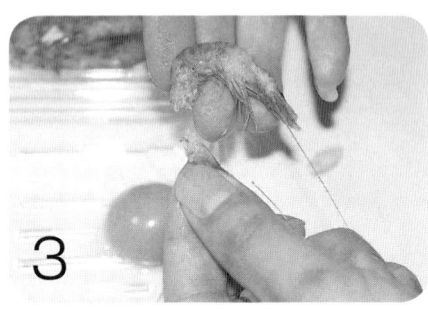

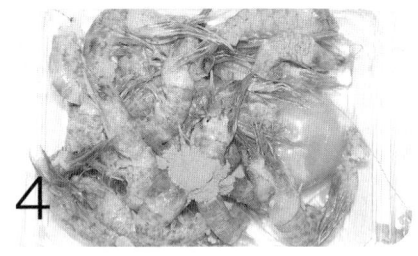

殻付きエビは甲羅の部分だけを取り外す。この時、味噌の部分は必ず付けておくこと。次に尻尾の一番後ろの部分だけカットする

エビを卵黄の中に入れ、食用色粉（黄色）をササミの時と同じように小さじ半分くらい入れて混ぜるだけ。至ってシンプル。エビと卵黄を合わせるだけでアラ不思議、海中ではマダイ等を誘う匂いになる

自作エサで釣った魚は満足感が一段と高い

海上釣り堀用語集 （意味は海上釣り堀での使い方を優先）

●あ行
青もの　メジロ、ブリ、ヒラマサ、カンパチなど、主に中〜上層を回遊する背の青い魚の総称。
上げ潮　潮が満ちてくること。
朝マヅメ　日の出前後の時間帯。魚の活動が活発になり食いがよくなる。
アタリ　魚がエサに食いつきサオやウキ、イトに反応が出ること。
アワセ　アタリが出た時、サオをあおってハリ掛かりさせること。
アワセ切れ　合わせた時にイトに強度以上の力が掛かりハリスが切れてしまうこと。
活きエサ　小アジ、稚アユ等、エサにする生きた小魚。
イトフケ　潮や風の影響でウキから穂先までのイトがたるみすぎている状態。
ウキ下　ウキ止メからハリ先までの長さ。
ウキ装着用スイベル　ミチイトに通しておくことで環付きウキをワンタッチで替えられる小道具。商品名のウキペットで呼ばれることも多い。
ウキストッパー　棒ウキを使う時、ウキとハリスが絡まないようにウキ下側のミチイトにセットする小物。商品名のカラマン棒で呼ばれることも多い。
ウキ止メ　遊動ウキの可動範囲（タナ）を決めるためミチイトに結ぶ糸などのこと。
ウキペット　→ウキ装着用スイベル。
エサ取り　マスの中にいるターゲット以外の小魚。
大マス　12〜20名が入れる大きなマス。
置きザオ　サオを置いてアタリを取ること。
落ち込み　マスの中のネットの凸凹部。
オマツリ　人の仕掛けと絡むこと。

●か行
活性　魚の活動状態を表わす表現。
からまん棒　→ウキストッパー。
ガン玉　真ん中に割れ目の入った小さな球状のオモリ。割れ目にイトを通し、潰して止める。カミツブシともいう。
魚影（ぎょえい）　魚の多さを表わす言葉（魚影が多い）。
食い上げ　エサを食った魚が上に走りウキを消し込まない状態。
クッションゴム付きオモリ　クッションゴムとオモリが一体化したもの。魚がエサを食って走った時、ゴムの部分が衝撃を吸収してくれる。
消し込み　エサを食った魚が下に走りウキが水中へ引き込まれる状態。
コーナー　マスの四隅。
小マス　6〜8名が入れる小さいマス。

●さ行
サオ先　サオの先端＝穂先。
サオ尻　サオの根元。
先調子　力が加わった時、曲がりの中心が穂先寄りにくるサオ。
下げ潮　潮が引いていくこと。
誘い　エサを動かし魚にアピールすること。
時合　魚の食い気が高まりエサに積極的に食い付く時間帯。
潮変わり　潮が上げから下げ（またはその逆）に変わる時。
潮通し　潮の利き具合。
潮止まり　潮が動かない時。
仕掛け　魚を釣るための、ミチイトにウキやハリ、オモリなどを付けたものの総称。
〆場　釣った魚の血抜きをしてもらう所。
シモリ玉　ウキがウキ止メを通過しないように、ウキの前後に挟む小さな中通しの玉。
スイベル　イトなどを結ぶための接続具。ヨリモドシ、サルカンともいう。フックが付いたものはスナップ付きスイベルという。
スカリ　水中に入れて釣った魚を生かしておくための筒状の網。
スレ　ハリが魚の口以外の場所に掛かること。

125

背掛け 活きエサの小魚の背にハリを刺すエサ付け。
底もの クエハタやヒラメなど、マスの中の底の辺りに生息する魚の総称。

●た行
高切れ（たかぎれ） ミチイト部分から切れてしまうこと。
タックル サオ、リールなどの釣り道具一式。
タナ 魚の遊泳層（捕食層）のこと。
タナ取り マスの深さを測るための小道具。
玉ウキ 玉のように丸いウキ（円錐ウキ・遠投ウキ）の総称。関西の海上釣り堀ではトウガラシウキタイプのものも玉ウキと呼ぶことが多い。
タモ 魚をすくう網。玉網。
中マス 8～10名が入れる中くらいのマス。
釣果 釣った魚の総量や大きさなどの成果。
チョン掛け エサの一部を刺すようにしてハリに付けること。
釣り座 抽選で決まった場所。
手返し 仕掛けを回収するまでの一連の動作のこと。
胴調子 力が加わった時、曲がりの中心が真ん中寄りになるサオ。
渡船 沖の釣り堀まで渡してもらうための移動船。
ドラグ リールの巻き上げ力を調節するための機構。
取り込み 掛かった魚を手元にあげる動作。

●な行
生エサ 冷凍イワシ、キビナゴ等、小魚を加工してあるエサ。活きエサに対して死にエサとも。
根掛かり マスの底網などに仕掛けが引っかかること。
練りエサ ダンゴ類全般。

●は行
鼻掛け 活きエサの小魚の鼻から鼻にハリを抜くエサ付け。

早アワセ アタリがあった時に素早く合わせること。アワセが早すぎる場合にもいう。
ハリス ハリに結ぶイト。
ヒロ 長さを表わす言葉で約1.5mを差す。大人が両手を左右に広げた長さ（個人差あり）。
房掛け 虫エサなどを1匹ではなくたくさんハリに付けること。
ベール スピニングリールでイトを巻き取る弦（つる）状の部分。
ヘチ ネットの際。
ポイント 魚が釣れる（いる）場所。ねらうべき場所。
棒ウキ 棒のように細長い形状をしたウキの総称。
ボウズ 魚が1尾も釣れないこと。
ポンピング 大型魚を引き寄せる技術。サオを立てて魚を浮かせ、下げながらイトを巻き取る。

●ま行
撒きエサ 魚を寄せるために使うエサ（※海上釣り堀では厳禁）。
ミチイト リールに巻いてあるイト。
ミャク釣り ウキを使わず、魚のアタリを感じて合わせる釣り方。ズボ釣り。
向こうアワセ 釣り人が合わせる前に魚がハリ掛かりした状態。
虫エサ 主にアオイソメ、アオコガネなどの虫類のこと。

●や行
矢引き 1ヒロの半分（約75㎝）。
やり取り 掛けた魚を手元に寄せる動作。
タマヅメ 日没前後の時間帯。魚の活動が活発になり食いがよくなる。

●ら行
ロッド 釣りザオ。

おわりに
謙虚な気持ちで自然に向き合おう

　釣りという行為を通して水を知り、魚に触れ合い、自然を愛する。とても素晴らしいことだ。しかし残念なことに、釣り場となる水辺が荒らされて困っているという声を漁師や水産関係者からよく耳にする。たとえば釣り人によるゴミの問題がある。本書は海上釣り堀の解説書だが、自然のフィールドで釣りを楽しむ読者の方もたくさんいるだろう。自然の釣り場にはゴミ箱はない。釣り場に持ち込んだものは当然持って帰るべきなのに、いい大人でさえ守れない方がいる。とても悲しいことだ。自然で遊ぶのなら、自然を大切にする心を持つべきだとKAZUは思う。

　また、自然に敬意を持つことは、自分の命を守ることにも直結する。釣りに限らず海山のアウトドアレジャーでは時々痛ましい事故が起きてしまう。なかにはどうしても避けられないものもあるのかもしれないが、多くの場合は、謙虚な心構えと準備によって回避できる。釣りにおいては、ライフジャケットの着用がその1つだ。大切な自分の命はまず自分自身が守ること。それがアウトドアレジャーを楽しむうえでの大前提といってもよいだろう。

こういった制度も

　「一般社団法人 全日本釣り団体協議会」。行政と釣り人を結ぶ公式団体であり、釣り場の清掃活動、釣り人の地位向上などの業務のほか、国の委託事業である公認釣りインストラクター資格制度を統括する。

　JOFI公認釣りインストラクター（Japan Official Fishing Instructor）という制度の中でKAZUも活動している。釣り人にルールやマナーの普及と啓蒙をはかり、ボランティア活動の一環として釣り教室や清掃活動など、幅広い地域で活動を行なっている。釣り技術の向上とともに、このような活動をしてみるのもよいのではないだろうか。人にルールやマナーを伝えていく中で自分自身もまたレベルアップしていく、そんなアプローチもあると思う。

ボランティア活動による釣り場のゴミ清掃と、釣りの講習会。いろんなところから自然に近づくアプローチがあっていい

著者プロフィール

KAZU 石田和幸（いしだ　かずゆき）

1974年7月生まれ、兵庫県西脇市在住。川、海、池とさまざまな釣り場での釣りを経験したのち、海上釣り堀の魅力にハマる。釣り歴33年。
15年前、「FISHING KAZU CLUB」を発足。関西圏を中心にメンバー数300名。海上釣り堀を徹底的に攻略し、その記事を各種メディアで発表中。
一般社団法人　全日本釣り団体協議会公認釣りインストラクター、兵庫県釣りインストラクター連絡機構（JOFI兵庫）中兵庫支部長、兵庫県の釣りと文化を守る会代表、FISHING KAZU CLUB代表。釣り人のルールとマナーの啓蒙活動のほか、関西圏の各釣り堀で釣り教室を開催している。

● FISHING KAZU CLUB　メールアドレス　Kazuclub0705@yahoo.co.jp

爆釣丸儲け！海上釣り堀超マニュアル
（ばくちょうまるもうけ！かいじょうつりぼりちょうマニュアル）

2014年6月1日発行
2018年3月1日第2刷発行

著　者　KAZU 石田和幸
発行者　山根和明
発行所　株式会社つり人社

〒101－8408　東京都千代田区神田神保町1－30－13
TEL 03－3294－0781（営業部）
TEL 03－3294－0766（編集部）

印刷・製本　図書印刷株式会社

乱丁、落丁などありましたらお取り替えいたします。
ⓒ Kazuyuki Ishida 2014. Printed in Japan
ISBN978-4-86447-057-5 C2075

つり人社ホームページ　https://tsuribito.co.jp
つり人オンライン　https://web.tsuribito.co.jp/
釣り人道具店　http://tsuribito-dougu.com/

本書の内容の一部、あるいは全部を無断で複写、複製（コピー・スキャン）することは、法律で認められた場合を除き、著作者（編者）および出版社の権利の侵害になりますので、必要の場合は、あらかじめ小社あて許諾を求めてください。